AF305344

par Joachim Faiguet
(D'après Barbier)

DISCOURS

D'UN

BON CITOYEN,

Sur les moyens de multiplier les forces de l'Etat, & d'augmenter la population.

A BRUXELLE.

M. DCC. LX.

DISCOURS

D'UN

BON CITOYEN,

Sur les moyens de multiplier les forces de l'Etat , & d'aug-menter la population.

UNE heureuse révolution due sans doute aux progrès de la Philoso-phie parmi nous , semble depuis quelques années, Monsieur , dé-terminer les esprits du côté des objets utiles : l'agriculture , la po-

pulation , le commerce , les finances , en un mot , toutes les branches de l'économie politique fixent
aujourd'hui nos regards ; & peut-
être qu'en nous attachant toujours
de plus en plus , elles feront enfin
d'une nation frivole un peuple
d'hommes & de citoyens.

Vainement attribue-t-on à l'empire du climat le fond d'inconsé-
quence qui nous caractérise. Son
influence prédominera chez des
peuples sauvages ; mais ne croyez
pas que chez des peuples policés le
pouvoir physique puisse maîtriser
& subjuguer constamment les
causes morales. Qu'une éducation
moins négligée & mieux entendue
en contrebalance la force ; qu'elle
rectifie en nous la nature ; qu'en
éclairant notre esprit , elle per-

fection notre raison : accoutumés infenfiblement à réfléchir nous
rechercherons la vraie mefure des
chofes, & nous ne les apprécierons
que leur jufte valeur ; notre ima-
gination n'errera plus à fon gré ;
nous faifirons moins avidement &
moins inconfidérément tout ce qui
lui rit ; le bon fens prendra la place
des bons mots, les vertus celle des
vices, une honnête décence celle
du ridicule ; nous n'adopterons
point le jargon d'un fexe que nous
croyons aimer & que nous eftimons
fûrement très peu , puifque par
une fauffe & imbécille vanité, nous
ne fommes occupés qu'à nous faire
un trophée de fes foibleffes ; nous
cefferons d'en imiter les mœurs,
d'en copier les manieres ; nous
préférerons l'avantage précieux

A ij

d'être utiles , à la puérile fatisfaction
de n'être qu'agréables ; que fai-je
encore ? Nous ne pécherons plus
par un défaut réel de principes de
toute efpece , & vous vous con-
vaincrez aifément alors que nous
ne fommes pas des êtres effentiellement légers & néceffités irrévoca-
blement à graviter vers des mi-
nuties.

Confidérez, s'il vous plaît , les
effets déjà vifiblement opérés par
les productions qui ont pour objet
diverfes parties de l'adminiftration
publique. Quand elles n'auroient
occafioné qu'une fimple diverfion,
penfez-vous qu'elles auroient été
infructueufes ? Seroit-il donc indif-
férent qu'elles nous euffent diftraits
d'un tas de brochures infipides &
futiles , & fur-tout qu'elles euffent

(5)

fouftrait pour quelque tems à, nos
yeux ces dangereux ouvrages dont
l'unique but paroît être de célébrer,
pour ainfi dire, tous les défordres
dont le cœur humain eft capable,
& qui nous préfentant les paffions
fous mille formes féduifantes, nous
follicitent à ne chérir que les erreurs
d'un penchant aveugle, à nous livrer à toutes les illufions de l'amour,
à le regarder comme un fentiment
délicieux jufques dans les maux
même qu'il caufe, & à concevoir
pour la tendreffe un intérêt qui n'eft
véritablement dû qu'à la vertu ?
Mais ce n'eft pas là, Monfieur,
que l'impreffion de ces productions
s'eft bornée. Non feulement elles
ont arraché de nos mains ces écrits
pernicieux ; elles les ont fait difpa-
roître ; elles ont impofé filence à

A iij

(6)

des Auteurs faméliques , dont le ton , devenu celui de la nation , ne pouvoit que l'avilir & la rendre abjecte dans l'esprit de ses voisins ; elles nous ont rendu auprès d'eux une portion de l'estime que notre goût pour ces sortes de lectures fastidieuses nous avoit fait perdre ; enfin en nous faisant entrevoir la dépendance & l'étroite liaison du bien général & du bien particulier , elles ont commencé à exciter pour l'un une sensibilité que de fausses idées de l'autre sembloient avoir pour jamais éteinte.

A l'aspect de ces premiers chan-gemens dont nous leur sommes in-contestablement redevables , j'au-rois cru qu'elles auroient trouvé grace auprès de vous. Vous vous élevez d'abord fortement contre leur multiplicité : feroit-ce, Monfieur, parce que vous craignez que des organes habitués à une nourriture légere ne digerent que très-difficilement un mélange énorme d'alimens folides qui leur eft offert ? On peut vous répondre que l'affimilation de la fubftance que nous en avons tirée jufqu'ici, devroit vous tranquillifer fur ce point ; & d'une autre part on vous dira que la voie la plus fûre de nous détourner entiérement des objets minutieux auxquels la légéreté de notre efprit & une inclination naturelle auroient pu nous rapeller, étoit de varier & de diverfifier à l'infini les objets importans & nouveaux qui devenoient ceux de notre étude, pour laiffer encore à notre inconftance quelques moyens de s'exercer ; car on ne fauroit déraciner tout d'un coup des vices dont l'habitude eft chere. Il eft quelquefois plus prudent de s'en fervir avec avantage, en paroiffant les flatter, que de les attaquer fans égard aux rifques de les combattre fans fuccès.

Mais ou je me trompe fort, ou c'eft moins le nombre & la quantité de ces ouvrages qui vous bleffe, que ce qui en fait le fujet.

Un fyftême général de gouvernement eft, dites-vous, un tout dont les portions font tellement liées, qu'il eft difficile de les envifager féparément fans que leur étroite connexité nous échappe, & fans rompre, pour ainfi parler, la chaîne qui les unit. Abfolument dépendantes les unes des autres, elles doivent fans ceffe fe balancer & être maintenues dans un équilibre exact ; or quel eſt l'homme dont la vue eſt aſſez étendue & aſſez perçante pour embraſſer toutes ces portions, pour les conſidérer enſemble , & pour juger avec préciſion , après les avoir diviſées, du degré de leur influence mutuelle ? Qui doute de ces vérités, & que prétendez-vous en conclure ? Faudra-t-il renoncer à tous les ſoins qu'exige une ſage adminiſtration , attendu l'impoſſibilité d'atteindre à la juſte proportion & à l'harmonie de toutes ſes branches ? Et ſi je vais plus loin, ſi j'avance que chacune d'elles en particulier ne ſauroit acquérir dans la main des hommes, la perfection dont elle eſt ſuſceptible , ſoutiendrez-vous que c'eſt une raifon de plus pour ne pas nous en occuper ? Il vous appartient plus qu'à tout autre de décider des bornes de l'efprit humain , vous , Monfieur , qui entraîné par la force du penchant & du génie vers une multitude de fciences que vous cultivez fans oftentation & dans le filence de la retraite , avez fu d'un vol rapide en parcourir les détours obfcurs, & vous porter jufqu'au point qui marque les limites auxquelles nous fommes forcés de nous arrêter. Que d'épaiſſes ténebres ! quelle nuit au delà de ce point ! & qui pourroit la diffiper ? Vous ne penfez pas néanmoins que l'impuiffance dans laquelle nous fommes d'en percer l'abyme doive nous obliger à fermer les yeux à la foible lumiere qui nous luit ; ni que l'immenfité des découvertes qui nous refteroient à faire foit un jufte motif de dédaigner celles que nous avons faites , & celles que nous pourrions faire encore dans le court efpace qui nous eft tracé. Les efforts fuperflus auxquels nous nous livrons pour concilier les témoignages de nos fens fur ce qui dans la fabrique & dans le tiffu des corps animés nous paroît les avoir frappés ; les conjectures auxquelles nous fommes réduits eu égard à une infinité de caufes, d'ufages, de ref-forts & d'actions que l'économie animale nous dérobe ; le vuide dans lequel flotte notre raifon, lorfque de l'obfervation des corps mêlés , combinés entr'eux & expofés au feu qui les pénetre, nous tentons de nous élever jufqu'au myftere du

méchanifme qui les fait paffer par
une infinité de formes différentes ;
les erreurs auxquelles peuvent nous
conduire les caraɛteres arbitraires
& les vertus des végétaux ; celles
qui naiffent du fein même de la
vérité & de la démonftration par
une fauffe application du calcul &
des axiomes généraux de la mécha-
nique ; toutes les difficultés, en un
mot, invincibles ou à dévorer dans
la pénible carriere que vous cou-
rez, ne fauroient vous rebuter un
inftant ; & vous voudriez que relativement à la fcience qui importe
le plus effentiellement au bonheur
de la fociété, une timidité pufilla-
nime nous rendît indifférens & oi-
fifs ? Oui, Monfieur, j'en con-
viens, un gouvernement dont toutes les parties fe trouveroient dans

un rapport si parfait qu'elles ne pourroient s'entre-nuire, & qu'elles se prêteroient au contraire une force & une efficacité mutuelles, seroit un chef-d'œuvre de législation que le hasard ne peut produire , & que la prudence humaine ne peut enfanter ; mais au défaut de ce juste tempérament qu'il ne nous est pas permis de saisir, pourquoi se refuser opiniâtrément à la recherche de tout ce qui peut nous en faire approcher ? Les Rois ne seroient-ils placés au dessus des autres mortels, que pour les étonner & les éblouir par le spectacle de leur grandeur ; & les peuples doivent-ils donc être assez insensibles que d'oublier jusques au besoin qu'ils ont d'être heureux ?

Observez d'ailleurs, Monsieur,

que le moment préfent ne fauroit être celui de la foibleffe & du découragement. Lorfque par les opérations les plus promptes & les mieux concertées, un Miniftre qu'une fagacité prématurée nous promettoit (a) dès fes plus tendres années, rapelle fur le champ la confiance, & rétablit en un inftant le bon ordre que la cupidité, la licence & le relâchement des principes économiques avoit malheureufement profcrit, nous ne tomberons point dans une honteufe léthargie. Dirigeons nos pas vers le bien; efforçons-nous d'y arriver; contentons-nous d'y parvenir, quand nous ne pouvons aller au mieux. Il eft des inconvéniens attachés à chaque chofe;

(a) Voyez la Lettre du Poëte Rouffeau fur M. de Silhouette, *Lettres de Rouffeau, Tome I.* p. 309.

mais dans ce concours d'avantages & de défavantages qui favo-
rifent & qui traverfent enfemble
& tour-à-tour nos entreprifes &
nos deffeins, tâchons de faifir la
balance, & faifons, s'il fe peut,
que l'utilité l'emporte. *La nature
ayant établi que l'homme ne peut
être heureux avec les femmes, ni
fubfifter fans elles, difoit le Cen-
feur Metellus - Numidicus au peuple, fupportez - les, préférez votre
confervation à des fatisfactions paf-
fageres.* (b) C'eft ainfi, Monfieur,
que placés entre des maux inévitables & d'un poids inégal, nous
devons chercher à ne fouffrir que
le moindre & le plus léger ; comme dans des maux aufquels nous
ne pouvons échapper & où la li-

_____

(b) Aulug. Lib. 1. c. 6.

liberté du choix nous abandonne , l'unique reſſource qui nous reſte eſt de tout tenter pour les adoucir.

Ce dernier but eſt celui que je me ſuis propoſé d'atteindre dans les Réflexions que j'ai l'honneur de vous adreſſer ſur la Milice , & je ne le perdrai pas de vue dans celles que je pourrai peut‑être vous adreſſer inceſſamment ſur les Corvées. Ces parties d'une part ſi néceſſaires & de l'autre ſi nuiſibles au travail le plus utile de l'homme , je veux dire à la culture de la terre , ne pourroient‑elles pas être traitées (dans la forme même de l'adminiſtration actuelle (d'une maniere uniforme , plus équitable & moins onéreuſe ? Voilà l'examen auquel je me ſuis livré. Je n'ignore pas que

le

le faſte éblouiſſant de la Capitale fait aiſément oublier qu'il eſt des malheureux ; ſi néanmoins la miſere de la portion du peuple la plus précieuſe & la plus opprimée vous avoit frappé comme moi ; ſi les gémiſſemens & les cris dont nos campagnes déſolées retentiſ-fent alloient juſqu'à vous ; ému d'un ſentiment de compaſſion pareil à celui qui m'affecte , malgré votre éloignement pour toutes les ſpéculations de ce genre , un même zele vous eût peut-être animé , & l'objet auroit été ſûrement mieux rempli ; car la pureté des motifs eſt inſuffiſante & ne peut rien , quand par une fatalité qui n'eſt que trop commune , elle n'eſt pas accompagnée des talens & des lumieres.

* B

V O u s favez, Monfieur, que
dans ces tems de mouvement
& de tumulte où il s'agiffoit de
chercher des établiffemens fous
la conduite d'un Chef, & où
les conquêtes fondées fur un intérêt commun profitoient fenfi-
blement à tous, chacun étoit
guerrier & devoit néceffairement
l'être. Il en fut de même & l'on
accorda tout aux armes, tant
que l'on craignit d'être chaffé
des poffeffions que l'on s'étoit
fait par la violence & par la
force. C'eft cette crainte, ce fut
auffi le defir de conferver & l'en-
vie de s'étendre que l'on appella
principalement du beau nom

d'*amour de la Patrie* ; & c'eſt cet amour qui fut ſubſtitué dans tous les cœurs à celui qui auroit dû naturellement y régner , c'eſt-à-dire, à l'amour des hommes.

A meſure que l'on ſe crut affermi dans la jouiſſance du territoire envahi, & que chaque propriétaire connut & goûta la douceur du repos dans l'habitation qui lui étoit échue , l'avantage particulier prévalut ; la cauſe générale trouva moins de défenſeurs & de partiſans zélés. Elle fut encore moins ſentie , & elle s'éloigna toujours davantage de celle de chaque citoyen , à proportion que le nouvel état s'étendit au delà de ſes premieres bornes ; enfin lorſque l'on put eſpérer d'être heureux , grand & glorieux en ne s'occupant que de la sienne, le bien public fut totalement oublié, & l'on ne pensa qu'à s'élever sur ses ruines.

Telle a été la dépravation humaine dans tous les siecles & chez toutes les nations.

Je ne prétends pas vous faire remonter au moment de la fondation de la Monarchie & de l'invasion des Gaules par les Francs ; mais considérez, je vous prie, tout ce qu'insensiblement l'ambition & l'esprit d'indépendance & de domination suggérerent de monstrueux aux Seigneurs chargés de conduire les gens de leurs terres aux expéditions militaires. Vous appercevez d'abord un relâchement dans la discipline qui accroît & qui augmente sans cesse. Vous voyez ensuite les Ducs & les Comtes qui profitant de la foibleffe de *Charles le Chauve* follicitent l'ina-movibilité & font perpétuer la fucceffion des Duchés & des Comtés dans leurs familles. Ces Duchés & ces Comtés devenus héréditaires font auffi-tôt démembrés, partagés & cédés à titre de Bénéfices, (*c*) & les Ducs ainfi que les Comtes fe créent par ce moyen, de l'aveu du Souverain dans les premiers inftans, & dans la fuite au gré de leur volonté, des vaffaux tels à leur égard qu'ils le font eux-mêmes à l'égard du Prince. Delà des

(*c*) Bénéfices, terres du domaine du Prince accordées à vie ou pour un tems, fous la condition du fervice pour la guerre & de fournir un plus grand nombre de foldats que les autres fujets. Les Bénéficiers appellés *Fideles noftri, Fideles Regni,* promettoient au Souverain par un ferment particulier de lui être fideles, & ils lui prêtoient encore hommage.

ligues formées entr'eux , le mépris de l'obligation du service , l'enlévement des tributs & des amendes à porter au Tréfor royal & qu'ils s'appliquent à eux-mêmes , des Troupes levées fans ordre , des Armées affemblées pour favorifer la révolte & non pour prendre la défenfe de l'État , & des Rois contraints de terminer la guerre & de conclure la paix felon les vues diverfes de leurs fujets.

Qu'obferve-t-on dans des tems moins reculés ? Des Seigneurs feudataires de la Couronne dont l'indocilité ne connoît plus de limites , & qui jouiffant du privilege de commettre des crimes dont l'impunité eft affurée , deviennent autant de tyrans & d'ufurpateurs. Leurs excès fe multiplient ; rien

n'égale l'insolence & la cruauté
d'une foule de brigands qui se récla-
ment d'eux ; nulle sûreté dans les
chemins ; toute espece de commerce est interrompue ; les assassi-
nats font communs au milieu même des villes, & le laboureur trem-
blant qui voit enlever ses bestiaux
dans les champs qu'il cultive, ose à
peine se montrer hors de sa chau-
miere & renonce malgré lui au travail pénible de défricher la terre.

Je ne saurois imaginer, Monsieur, que le souvenir de tant
de troubles permette de regarder les voies que le Souverain
prit pour les appaiser comme un
véritable malheur pour les peuples. Louis le Gros domta les ré-
belles ; il fut obligé pour en triompher de ravager leurs possessions ;

il mit habilement à profit la circonftance favorable que lui offroit
cette pieufe & fainte folie qui
porta plufieurs Ducs & plufieurs
Comtes à aller fe fignaler dans les
premieres Croifades, qui les ruina
d'hommes & d'argent & qui les
mit à tous égards hors d'état d'ap-
puyer le foulévement & les défordres des autres Seigneurs du Domaine. Il fit plus : il prévint le
cas d'une guerre étrangere & celui où ces Seigneurs n'auroient ni
le pouvoir ni la volonté de fecou-
rir l'État, & il rétablit fon autorité par l'ordre qu'il donna de lever dans les villes des troupes de
bourgeois, connues depuis fous le
nom de Milices des Communes, (*d*)
& qui devoient marcher à l'armée,

____

(*d*) *Communiæ*, ou *Communitates Parochia-*
rum.

non comme autrefois fous les en-
feignes du Sénéchal ou du Bailli,
mais fous les bannieres de l'Eglife
& de leurs Paroiffes ; ce qui mit
les terres des Évêques à l'abri des
vexations & n'accrut que trop
leur puiffance.

A ces Milices qui étoient dé-
fraÿées par le Prince lorfqu'elles
étoient à une certaine diftance de
leurs demeures, & dont la force
étoit fuffifante pour contraindre
à l'obéiffance les Seigneurs qui
auroient voulu s'en écarter encore & refufer le fervice qu'ils
devoient, Philipe Augufte joignit
des troupes qui ne fervoient que
pour la folde. (e) Voilà la premiere époque des Troupes fou-
doyées par nos Souverains.

(e) Soldat, nom qui dérive de foudoyer.

Je n'ai garde de m'unir à ceux des Philosophes de nos jours, qui sous le prétexte de déplorer la ruine de la République de Rome se récrient contre l'introduction & l'usage des troupes réglées , & je ne peux y voir comme eux un mélange atroce de satellites vils & mercénaires destinés en apparence à contenir l'étranger & en effet à opprimer l'habitant. Que la formation de ces corps ait enlevé à la terre des milliers de bras ; que le défaut de cultivateurs ait d'une part diminué la quantité des denrées , tandis que de l'autre l'entretien de ces troupes a donné lieu à des impôts qui ne pouvoient qu'en augmenter le prix ; que l'on ait été contraint de multiplier le nombre des soldats & par conséquent la mifere , pour réprimer les peuples & faire taire des murmures occafionnés alors par les effets inévitables de cet établiffement ; tous ces maux , quelque réels qu'ils foient, font-ils à comparer à ceux que l'on éprouvoit & qui auroient été infailliblement fuivis d'une diffolution entiere & générale ? C'eft , ce me femble , avoir, fait de médiocres progrès dans la recherche de la fageffe , de la nature & des mœurs, que de méconnoître l'humanité au point de fuppofer qu'il y ait eu & qu'il puiffe y avoir des peuples capables de n'écouter uniquement que la voix du devoir, & de blâmer fans ceffe, en paroiffant s'animer d'un efprit chagrin & fouvent importun contre les foibleffes & les

vices , tout ce qu'une malheu-
reufe néceffité fait tenter pour les
rendre moins funeftes & moins
à charge à la fociété ? Rien ne
feroit fans doute plus beau que
de commander à des hommes libres ; mais où la vertu ne regne
pas la liberté dégénere, & l'unique remede à l'indépendance de
tout eft inconteftablement la fervitude. Ainfi n'imputons à Marius
ni le deshonneur des légions , ni
la décadence de l'Empire Ro-
main pour avoir eu recours dans
la guerre de Jugurtha à des mercénaires & à des affranchis ; ac-
cufons-en d'abord la corruption
de Rome , & reprochons enfuite
à Tiberius Gracchus de n'avoir
pas prévu le danger · & les fuites
de l'augmentation de la dignité

des Chevaliers par la conceſſion des prérogatives & des droits attachés à l'ordre des Sénateurs. Dans une République dont les principes ſe perdent & ſe détruiſent , la perverſion ſuffit & n'a pas beſoin du nouveau ſecours que peut lui prêter la vanité pour inſpirer le mépris des premieres obligations envers la patrie.

La Milice des Communes ſubſiſta juſqu'à Charles VII. Ce Prince en créa une nouvelle qui fut compoſée d'hommes fournis par les Paroiſſes. Chacune étoit tenue d'en donner un prêt à marcher avec l'arc & les fleches dès qu'il ſeroit commandé , & elle devoit ſubvenir à ſon entretien. Tous ces Miliciens au nombre de ſeize mille étoient appellés *francs-archers*, du nom de l'arme qu'ils portoient, & parce qu'ils étoient affranchis de tous subsi-des. Quelques uns les nomme-rent aussi *francs-taupins*, pour dé-signer qu'ils étoient tirés des cam-pagnes, attendu les taupinieres dont les champs & les jardins sont communément remplis. Il y a tout lieu de présumer qu'ils fu-rent supprimés par Louis XI.

Quoi qu'il en soit, ce fut à peu près sur le modele de cette institution que Louis XIV obligé de faire face à la foule d'enne-mis puissans que le fameux traité d'Ausbourg venoit de réunir con-tre lui, fit lever en 1688. dans toutes les Généralités du Royau-me 25050 hommes qui furent divisés en trente Régimens commandés par des Officiers pris dans la Noblesse , ou parmi des gens vivant noblement. Ces hommes furent fournis tous équipés & armés au nombre d'un ou de plusieurs , par chaque village. Ils étoient enrôlés pour deux années seulement ; ce terme expiré , il leur étoit libre de se retirer pour aller jouir chez eux de l'exemption entiere de la taille pendant un tems égal à celui qu'ils avoient passé en qualité de Miliciens , pourvu néanmoins qu'ils prissent le parti de se marier ; ce privilege leur étant sans doute accordé moins en récompense de leur service que dans la vue de favoriser la population. La paix de Riswich fut l'époque du licenciement de ces troupes.

Nouvelle guerre, nouvelles levées dans les campagnes sous le regne du même Prince. Celles-ci ne furent pas destinées à former des corps, mais à recruter ceux des troupes réglées. On ne les enrégimenta point, & il en fut de même jusqu'à la paix d'Utrecht.

(*f*) Tous ceux qui depuis l'âge de dix-huit ans jusqu'à quarante ans accomplis furent jugés en état de servir tirerent au sort. On employa même dans plusieurs Paroisses au défaut des garçons les hommes mariés depuis trois ou quatre années, & défenses furent faites d'acheter des soldats pour servir à la place de ceux qui étoient tirés des villages ; le Roi

(*f*) Ordonnance de 1704. sous M. de Chamillart.

fournit

fournit l'habit & les armes. Ces recrues furent payées des deniers de l'extraordinaire des guerres à compter du jour de leur réception jufqu'à celui de leur départ du lieu de l'affemblée. Leur fervice devoit durer trois années. A leur retour dans leurs paroiffes les gens mariés furent exempts pendant cinq ans de toute taille tant induftrielle que réelle pour leurs biens propres , ou pour ceux de leurs femmes ; les garçons pour les biens des femmes qu'ils époufe-rent , pendant le même efpace de tems ; & ceux qui fe trou-voient cottifés d'office furent ôtés du rôle eux & leurs femmes pendant leur fervice & cinq années après. Quant aux abfens, ils furent réputés déferteurs & comme tels mis à la chaîne ; car la peine de mort avoit été commuée & n'avoit plus lieu contre les malheureux qui étoient coupables de défertion (g).

Cette dure & rigoureuſe loi que nous avions adoptée des Francs, après avoir été abrogée a été remiſe en vigueur (h) & ſubſiſte encore parmi nous. Je n'entreprendrai pas témérairement de décider ſi des voies moins extrêmes ne ſeroient pas auſſi réprimantes qu'une peine dont la ſévérité contient quelques citoyens & en arrache une multitude à l'Etat & à la vie. Heureux le Souverain qui ne connoiſſant rien de plus précieux que le ſang de

(g) Ordonnance du 24 Décembre 1684.

(h) Ordonnance du 2 Juillet 1716. concer‑nant les déſerteurs.

ſes ſujets , pourroit éviter de le faire couler & de le répandre , & dont la juſtice douce & non menaçante effraye moins qu'elle ne ſe fait aimer ; heureux les ſujets que l'habitude & l'appareil des ſupplices n'ont point endurci, & pour qui la peine la plus modérée ceſſe d'être légere par l'infamie de la ſouffrir. Les Athéniens apprenant que chez les peuples d'Argos quinze cens citoyens ont reçu la mort, recourent promptement aux ſacrifices d'expiation & ſupplient les Dieux de détourner cette cruelle idée de leur penſée & de leur cœur. Quelle énorme différence d'eux à nous, Monſieur , ſi l'on conſidere le nombre de déſerteurs réellement exécutés dans le court eſpace de dix-fept années ? (*i*) Ajoutez-y celui des hommes qui ont ceffé d'exifter depuis pour la même caufe ; joignez encore à ces deux nombres celui des citoyens que la crainte d'un pareil fort a bannis & tient éloignés de la patrie, (*k*) & voyez toute l'immenfité des pertes que nous éprouvons conféquemment à la loi dont il s'agit. Je veux croire que le châtiment imaginé par le légiflateur

(*i*) Depuis 1716. jufques en 1733.

(*k*) Suivant les rôles des déferteurs, l'année commune des déferteurs condamnés par contumace eft de 6000 hommes. On convient que de ces 6000 hommes il en paffe au moins 3000 chez l'étranger ; or il eft aifé de calculer ce que d'une part cette évafion coûte d'hommes à l'Etat au bout de 20 années, & ce que de l'autre ce nombre d'hommes eût pu lui produire de fujets dans cet efpace de tems qu'ils emploient à accroître la population chez nos ennemis & chez nos voifins.

de Thurium , (*l*) & qui confiftoit à expofer pendant trois jours aux yeux du public le coupable en habit de femme , feroit de nul effet dans nos troupes ; mais fi la mort propofée à des hommes qui d'ailleurs par leur état & par leur profeffion font fans ceffe dans le cas de l'affronter, eft incapable de les retenir, une punition (*m*) qui ne

(*l*) Charondas difciple de Pithagore.

(*m*) Nous lifons dans Hérodote qu'Anifis Roi d'Egypte défendit pendant les cinquante années de fon regne de condamner aucun homme à mort. Les Criminels étoient employés aux travaux des fortifications , & felon la gravité du délit, ils étoient tenus de faire une certaine mefure ou une certaine longueur de rempart autour des Villes.

Les Romains affujettirent auffi aux ouvrages des grands chemins plufieurs de ceux qui avoient mérité de perdre la vie. On les y condamnoit de même qu'on en condamnoit aux métaux, & comme nous condamnons aux gale-

nous en enleveroit aucun, & même qui ne les priveroit pas de l'avan-

res. Caligula, fans égard pour les familles auxquelles les coupables appartenoient, ordonna la même peine contre quelques citoyens Romains, après leur avoir fait imprimer fur le front la marque ignominieufe dont on flétriffoit les Efclaves criminels. *Multos honefti ordinis deformatos priùs ftigmatum notis, ad metalla & munitiones viarum, aut ad beftias condemnavit. Sueton. in Caligul. cap. 27.* Le même Auteur en dit autant de Néron, lorfqu'il entreprit de conduire un canal depuis le Lac d'Averne jufques au port d'Oftie. *Quorum operum perficiendorum gratiâ, quod ubique effet cuftodiæ in Italiam deportari : etiam fcelere convictos, non nifi ad opus damnari præceperit. In Neron. cap. 31.*

Les Hollandois ont pareillement cherché de nos jours à rendre utiles à la Société les membres que nous en retranchons. Tout déferteur pris & arrêté eft mis aux travaux publics, principalement à ceux des fortifications des Villes, des tranfports des terres, des ouvrages avancés, &c. & le foldat redoutant ce travail long & forcé plus qu'une mort prompte, il n'y a prefque plus de défertion en Hollande. Celui qui n'a pas fait la tâche qui lui eft impofée eft puni corporellement.

tage de réparer leur crime quelque jour par une action éclatante & glorieufe, ne feroit-elle pas préférable ? Il me paroîtroit du moins jufte , fi l'on penfe que le glaive doive toujours abfolument être levé, de dérober à fes coups une foule de victimes , en féviffant avec une égale rigueur contre ceux qui par des pieges de toute efpece tendus à une jeuneffe facile & inexpérimentée, en furprennent l'engagement & la foi. C'eft bien affez d'avoir à punir d'une peine capitale un délit auquel un moment de dégoût , une inquiétude dont on ne fauroit fe rendre compte à foi-même , & fouvent un jufte mécontentement peuvent porter, fans frapper encore des têtes innocentes , & fans leur faire payer

de leur fang l'infraction d'un traité auquel la liberté n'eut jamais
de part, & qui n'a été entamé &
confommé que par la féduction
& par la violence.

La peine des galeres prononcée
contre les garçons abfens des Paroiffes fut enfuite changée. (*n*)
Ils furent condamnés au fouet &
à la fleur de lis , ainfi que ceux
à qui le fort étoit échu & qui
avoient fui : ceux qui nommés
pour fervir achetoient des foldats
& les mettoient à leur place,
furent punis de même, & vraifemblablement la prohibition de ces
remplacemens avoit alors pour
principal objet de laiffer aux Officiers les moyens d'ajouter aux

(*n*) Ordonnance du 1er. Fév. 1705. fous
M. de Chamillart.

recrues levées dans les Paroiſſes celles qu'ils pouvoient faire d'ailleurs.

Cependant les campagnes commençoient à être déſertes ; on prit le parti (*o*) d'accorder aux cultivateurs la faculté de ſe racheter du tirage, moyennant qu'ils payeroient 75 liv. pour chaque homme demandé ; or le produit de 75 liv. par 17050 hommes formoit une ſomme de 1278750 livres. Sans doute que cette idée de ſubſtituer l'argent à la perſonne ne fut pas ſuivie de l'effet qu'on en attendoit, car ſix mois n'étoient pas encore écoulés, (*p*) qu'on penſa à une nouvelle levée

(*o*) Ordonnance du 1ᵉʳ. Août 1710. ſous M. de Voiſin.

(*p*) Ordonnance du 20 Janvier 1711. ſous M. de Voiſin.

de 22900 hommes. On promit de tenir compte à chaque Communauté des sommes données par elles l'année précédente pour être dispensées de fournir des hommes de recrue, sur les payemens à faire de la taille ou autres impositions ; on autorisa les Commissaires des guerres à délivrer exactement des congés que selon les apparences, les Officiers refusoient ; on fit espérer qu'on renverroit chaque soldat avec son habit à la conclusion de la paix, & l'on confirma l'exemption de la taille, mais le tems de la jouissance de cette exemption fut abregé & réduit à trois années ; car enfin si l'on eût toujours fait pendant un intervalle considérable de ce nombre immense d'hommes autant de privilégiés , ou l'on auroit infailliblement été contraint de renoncer à la plus grande partie des fubfides néceffaires aux befoins de l'Etat ; ou l'on auroit abfolument écrafé la portion reftante du peuple fur lequel le poids de ces mêmes fubfides feroit tombé.

La permiffion de fe rédimer en payant foixante & quinze livres par tête fut encore renouvellée (*q*) dix-huit mois après. On exigea feize mille huit cens hommes dont le rachat procuroit une fomme de 1260000 liv. J'ignore pourquoi l'on fe flattoit alors d'employer ces fonds avec plus d'avantage qu'auparavant , & com-

(*q*) Ordonnance du 1ᵉʳ. Août 1712. fous M. de Voifin.

ment on fe propofoit pour recruter d'en tirer un fecours qui n'avoit pas paru praticable les années précédentes. Les Officiers eurent-ils plus de facilité à compléter leurs troupes, & cette efpece d'impofition fur des Paroiffes défolées offrit-elle une reffource fuffifante ? Je n'ai rien fous mes yeux, Monfieur, qui puiffe m'en inftruire ; mais je peux très-aifément vous faire juger de l'état déplorable dans lequel les horreurs d'une longue guerre avoient réduit les campagnes. Une grande partie des maifons ayant été abandonnée, ne préfentoit que des ruines & des débris; la moitié des provinces étoit en friche, & la terre s'étoit, pour ainfi dire, épuifée à produire & à nourrir toutes les plantes qui s'oppofent & qui nuifent à la bonne culture. Malheureufement encore en renvoyant les milices , on ne lui rendoit pas le vingtieme des cultivateurs qu'on lui avoit ravi ; les uns avoient péri par les armes, les autres par les maladies , par les fatigues & par la mifere, & la plupart accoutumés au libertinage étoient peu difpofés à retourner à leur premiere profeffion. Pour les y déterminer on accorda à tous foldats & gens de guerre qui auroient quitté le fervice avec congé ou réforme , (*r*) & qui prendroient à cens ou par bail à rente *une maifon inhabitée depuis cinq années , avec promeffe de la rétablir ou de la réparer ,*

(*r*) Déclaration du 30 Novembre 1715.

une exemption de la taille pendant fix années , de même qu'à
ceux qui affermeroient pour le
même efpace de tems une terre
délaiffée , & qui la feroient valoir. Quant aux foldats qui pouvoient être taillables par rapport
à leurs biens perfonnels , à leur
commerce ou autrement , ils devoient être taxés d'office. Tel fut
l'appas à la faveur duquel on
rappella infenfiblement des habitans dans ces lieux incultes & dé-
peuplés où la nature brute & livrée à elle-même laiffoit à peine
appercevoir un léger veftige des
travaux qui l'avoient autrefois
rendue fi fertile & fi belle.

Il falloit une paix foutenue &
une tranquillité conftante pour
réparer les défaftres produits dans

les années orageufes qui termine-
rent le regne de Louis XIV. Si
la guerre qui s'alluma en 1718.
n'eût pas été auffi courte & auffi
paffagere qu'elle le fut , nous
n'aurions pas encore perdu le
fouvenir de nos calamités paffées.
Elle occafionna une levée de
vingt-trois mille quatre cens hommes qui furent employés à la
garde des places frontieres ; on
en tiroit les troupes de campagne deftinées à fervir dans les
armées. Ces vingt-trois mille
quatre cens hommes étoient di-
vifés en plufieurs corps & formoient trente-neuf bataillons ;
(s) chaque bataillon commandé
par un Lieutenant-Colonel d'in-

(s) Ordonnance du 15 Janvier 1719. fous
M. le Blanc.

fanterie réformé avoit un Etat major , & devoit être compofé de dix compagnies de foixante hommes chacune qui avoit à leur tête un Capitaine & un Lieutenant réformé des mêmes Provinces. Les abfens, les étrangers , pris pour miliciens à la place d'un homme du lieu, ceux qui pour éviter de tirer au fort s'engageoient dans les troupes réglées, étoient envoyés dans les colonies, & tout Officier qui avoit part à cet enrôlement étoit caffé. Les peres dont la cotte étoit au deffous de vingt livres étoient exempts de taille pendant l'année du fervice de leur fils, & fi elle étoit plus forte , ils n'en payoient que l'excédent. Le Roi fe chargea de la fubfiftance & de l'armement ;

les

les Paroiſſes furent ſeulement tenues de fournir les habits , c'eſt-
à-dire , vingt-cinq livres pour
l'équipement de chaque ſoldat
qui n'étoit engagé que pour la
campagne & juſques à l'hiver ,
tems fixé pour le retour des bataillons dans les Provinces.

Pluſieurs années de repos ſuc-
cédant à une guerre générale qui
a néceſſairement énervé plus ou
moins les Puiſſances , chaque
État ſe remet peu-à-peu ; quelques uns ſe rétabliſſent d'eux-mêmes, à peu près comme ces corps
robuſtes & vigoureux que leur
propre conſtitution fait triompher
des plus grands maux. Mais de
quelque maniere que le retour de
leurs forces ait lieu , il eſt bien
à craindre que le ſentiment de ce

retour excite de nouveaux troubles. Les alliances & les traités
convenus & écrits dans les ter-
mes les moins ambigus laiſſent
toujours une reſſource à l'infidé-
lité & à des ruptures , & la foi
donnée tient rarement contre une
foule de petits intérêts & de petites paſſions ; il eſt donc de la
prudence de ſe prémunir contre
des entrepriſes injuſtes , & de ſe
mettre autant qu'il eſt poſſible
dans une ſituation à repouſſer la
violence par la violence. Voilà ,
Monſieur , ce qui contraint les
Souverains *à un état d'effort de
tous contre tous* dans le ſein même de la paix. (*t*) Cet effort n'eſt
ſans doute ridicule & ſingulier
qu'aux yeux de ceux qui n'en

______

(*t*) Eſprit des Loix.

confiderent que les fuites & les effets & qui n'en veulent envifager ni les motifs ni les caufes. Que le Philofophe perfuade, s'il le peut, aux différentes nations que la juftice doit être la frontiere des Empires ; ces nombreufes cohortes qui lui annoncent la dépopulation prochaine de l'Europe & tôt ou tard la ruine des peuples qui l'habitent, difparoîtront bientôt ; mais tant qu'on lui fera la réponfe d'*Agéfilas*, & qu'on lui dira que l'unique frontiere eft la pointe de la lance, il doit aplaudir en pleurant, s'il le veut, fur le malheur des hommes, à des précautions abfolument indifpenfables.

C'eft à cette fage défiance que doit fe rapporter l'établiffement

qui fut fait (*u*) en 1726. de foixante mille hommes de Milices
pour fubfifter également pendant
la paix & pendant la guerre :
Jamais on n'avoit cherché à concilier avec autant de circonfpec-
tion & de foin l'augmentation
des forces, l'économie des finances , & la liberté des travaux
qu'exige l'agriculture. Il ne fut
pas en effet queftion d'une émigration pareille à celles qu'avoient
occafionnées les levées précédentes. Ce corps nouveau diftribué en cent bataillons compofés
chacun d'abord de douze compagnies , & chaque compagnie
de cinquante hommes & enfuite
de cent , ne devoit marcher &

(*u*) Ordonnance du 25 Février fous M. de
Bréteüil.

quitter les Provinces que dans les befoins preffans de l'État ; le fol- dat exempt de toute contrainte & de tout fervice journalier dans fa Paroiffe, pouvoit librement vaquer à fes occupations ordinaires. Il étoit fimplement tenu de fe rendre exactement à la revue générale du bataillon, & tous les mois aux jours indiqués pour la revue particuliere de la compagnie. Ces revues particulieres trop multipliées dans le principe & capables dès-lors de nuire aux travaux de la campagne, fur-tout dans des faifons précieufes, furent reftraintes (x) à une feule. Nul Milicien au deffous de feize ans ni au deffus de quarante. Leur

(x) Ordonnance du 16 Décembre 1726. fous M. le Blanc.

taille ne pouvoit être au deſſous de cinq pieds. Tout homme qui pour ſe diſpenſer de tirer ſe fondoit ſur un engagement ſuppoſé, étoit envoyé dans les colonies, & le Capitaine qui avoit indiſcrettement trempé dans cette fraude étoit puni de priſon & caſſé. Il en étoit de même à l'égard de celui qui enrôloit un Milicien, & l'engagement étoit nul. Les étrangers ne pouvoient être admis à remplacer le Milicien du ſort. Les abſens étoient condamnés à ſervir à la place de ceux à qui le ſort étoit échu ; & les fugitifs qui perſéveroient dans leur déſobéiſſance & à l'égard deſquels on n'avoit d'abord rien ſtatué, étant arrêtés & conſtitués priſonniers par les Prévôts des Maréchaux,

tiroient au fort en quelque nombre qu'ils fuſſent , pour de dix
un d'eux être envoyé dans les colonies , un autre dans les régimens des troupes réglées à l'effet
d'y ſervir ſix années conſécuti-
ves , à peine d'être traité comme
déſerteur ; le ſurplus devant ſervir dans la Milice quatre ans de
ſuite, ſans pouvoir être compris
dans la premiere moitié à renvo-
yer après deux années de ſervice.
Le tems fixé pour celui des cent
bataillons étoit de quatre années :
on voulut d'une part que la Milice fût moins onéreuſe au peuple,
& éviter de l'autre le renouvelle-
ment des cent bataillons à la fois ;
pour cet effet on délivroit des
congés à la moitié de chaque
compagnie au bout des deux an-

nées , & à l'autre moitié à l'expiration du terme. Ces congés
étoient accordés au fort, mais les
fils uniques ou abſolument néceſſaires à leurs familles ainſi que les
gens mariés étoient compris dans
la premiere moitié & congédiés
par préférence ; ces derniers d'ailleurs n'étoient pris qu'au défaut
abſolu de garçons en état de porter les armes , ce qui favoriſa ſûrement la population dans les
Paroiſſes en excitant au mariage
par l'eſpoir d'une exemption auſſi
ſpécieuſe aux yeux du cultivateur. Ces corps au ſurplus commandés lors de leurs formations
par un même nombre d'Officiers
que celui qui avoit été mis à la
tête de la derniere levée , le furent enſuite & après la réduction

des bataillons à fix compagnies
de cent hommes, par des Lieutenans Colonels réformés, des Ca-
pitaines, des Lieutenans, des fous-
Lieutenans ; quant aux Majors ils
furent retranchés , & un Officier
fous le titre d'Aide-Major fut
chargé d'en remplir les fonctions.
On tira auffi de l'Hôtel des In-
valides des Sergens choifis parmi ceux qui l'avoient été an-
ciennement dans les troupes réglées , ou qui y avoient fervi en
qualité de Caporaux ou de Maréchaux des Logis , parce qu'on
les crut avec raifon plus propres à
difcipliner ces nouvelles Milices
que des Sergens nouvellement
créés & Miliciens eux-mêmes.
Douze Officiers Brigadiers ou
Meftres de Camp réformés fu-

rent encore préposés au maintien de l'ordre, chacun dans les
départemens qui leur furent fixés
& qui étoient formés des Provinces
& des Généralités où se levoient
les cent bataillons, & ces douze
Inspecteurs avoient chacun un
sous-inspecteur qui faisoit les vi-
sites & les revues en leur ab-
sence & qui agissoit sous leur
commandement. On n'omit rien
de ce qui dans les levées pouvoit
prévenir toute injustice ; on expé-
dia des instructions à un nombre
suffisant de Commissaires des guerres qui eurent ordre de parcourir toutes les Paroisses & d'exa-
miner si l'on se conformoit exactement à l'esprit de l'Ordonnance ; on remédia autant qu'il fut
possible aux différens abus qui

s'étoient introduits , & l'on tenta tout pour difpenfer à l'avenir les Communautés des furcharges que plufieurs d'entr'elles s'étoient volontairement impofées à l'occacafion des tirages. On ordonna même que les fommes dépofées à cet effet feroient remifes aux Receveurs des tailles ou autres impofitions pour en être par eux fourni une reconnoiffance à compte de ce que les Paroiffes pouvoient devoir pour l'année actuelle ou en déduction de ce qu'elles auroient à payer l'année fuivante. On fupprima encore les quartiers d'affemblée particuliere pour les compagnies ; chaque bataillon fe rendoit dans une des principales Villes où étoit le dépôt des habits & des armes , & les hommes de chacun de ces bataillons y étoient fucceffivement conduits aux jours indiqués, par les Syn-dics, Marguilliers ou principaux habitans des Paroiffes qui devoient les fournir. Ceux-ci en recevoient auffitôt leurs décharges des Com-miffaires des guerres qui devoient les expédier le même jour ou de maniere qu'ils puffent fe ren-dre le lendemain chez eux. Du refte il y avoit dans chacune de ces Villes un Garde-magafin chargé du foin des armes & des habits que le Roi fourniffoit, & les Paroiffes étant par conféquent difpenfées des frais d'équipement & d'armement, ainfi que des appointemens des Officiers, elles furent feulement tenues de payer quarante-cinq livres pour chaque homme levé , lefquelles étoient impofées au fol la livre de la taille & des autres impofitions dans les pays d'État , & ces fonds étoient remis au Tréforier général de l'extraordinaire des guerres. Je ne faurois au furplus paffer fous filence l'injonction faite aux Communautés d'employer par préférence à tous autres , ceux d'entre les Miliciens qui étoient de fimples journaliers , fous peine d'être obligées de pourvoir à leur fubfiftance ; il étoit de l'équité de leur affurer les moyens de vivre dans des lieux où ils fe trouvoient attachés & de prévenir les effets d'une mauvaife volonté qui auroit pu les priver de l'unique & de la feule reffource qu'ils avoient.

Infenfiblement l'ordre des da-
tes me conduit, Monfieur, au
moment de la profcription d'une
multitude plus confidérable de
têtes par l'extenfion aux déferteurs Miliciens (*y*) de la loi qui
condamne à la mort les déferteurs des troupes réglées. L'année qui fuit celle-ci ne nous mene
à rien de bien intéreffant. Je ne
vois que l'exécution du licenciement projetté de la moitié de la
Milice & qu'une indication du
remplacement à faire (*z*).

Lors de ce remplacement, tout
garçon originaire d'une Paroiffe
& qui fe trouvoit établi dans une
autre en qualité de domeftique
ou autrement étoit obligé de tirer

(*y*) 30 Mars 1727.
(*z*) 31 Juillet 1728. fous M. d'Angervilliers.

dans celle qu'il habitoit ; cette
fage difpofition de l'Ordonnance
(*a*) avoit pour but d'en arrêter
& d'en retenir une foule qui re-
nonçoient à leurs Paroiffes & qui
alloient fe choifir un domicile ailleurs dans l'efpérance d'échapper
à l'obligation de courir les rifques
du fort. Les levées dans les Villes
ayant occafionné nombre de dif-
cuffions & de difficultés , on s'oc-
cupa du foin de les applanir , &
pour cet effet on difpenfa dans
celles où il y avoit une Jurifdiction
royale tous les fils de Bourgeois ,
Marchands & Praticiens de fe
préfenter ; on n'affujettit à ce
devoir que ceux des petits Marchands , Artifans , Laboureurs &
autres gens de peine. J'ignore fi

(*a*) 25 Janvier 1729. fous M. d'Angervilliers.

en convenant d'une part , de la jufte néceffité de faire contribuer ces mêmes Villes à un fervice auffi général, on devoit de l'autre faire une pareille diftinction des perfonnes & rejetter impitoyable- ment le poids fur une grande partie de celles qui font le plus utiles. Ce qui s'étoit pratiqué an- ciennement fut admis de nou- veau ; on agréa tous ceux qui fe préfentoient volontairement, hom- mes mariés ou garçons , pourvu qu'ils fuffent de la même Paroiffe ou qu'ils y habitaffent depuis fix mois , ou qu'ils fuffent nés du moins de parens connus & domi- ciliés dans le reffort de la Jurif- diction royale dont la Paroiffe étoit dépendante. On fixa en mê- me tems le montant de la gratifi-

cation

cation à donner par les Paroissiens au Milicien du sort ou au Milicien de plein gré. Elle fut la même pour l'un & pour l'autre, c'est-à-dire de trente livres dont vingt-cinq livres pour équiper le soldat, & cinq livres pour le Subdélégué ou le Commissaire qui présidoit au tirage ; & c'est ainsi qu'on crut pouvoir obvier à des cottisations auparavant volontaires, mais très supérieures aux forces des Paroisses qui s'en imposoient la loi. Une chose qui mérite surtout d'être observée, est l'amnistie qui fut accordée à tous fugitifs & à tous déserteurs depuis les années 1726 & 1727. L'inexactitude dans le licenciement promis & dans le paiement de la solde que l'on avoit fait espérer fit beaucoup de mécontens & devoit en faire. Il auroit donc été trop dur de ne pas fe relâcher fur la peine encourue ; celle de mort fut remife aux déferteurs qui rejoindroient ; ils étoient abfous au moyen d'un fervice de fix ans ; ceux qui ne fe repréfentoient pas étoient toujours cenfés dignes de celle qu'ils avoient méritée. En ce qui concerne les fugitifs, on leur permettoit de revenir dans leur Paroiffe pour tirer dans le remplacement à faire. S'ils ne s'y rendoient pas, ils étoient condamnés aux galeres perpétuelles. Dans le cas où il arrivoit que cette opération étoit terminée avant leur retour, ils fubiffoient le fort & tiroient avec ceux à qui il étoit échu , foit que ces derniers fuffent encore dans les Paroiffes , foit qu'ils euffent joint le bataillon formé. Dès que le hafard les favorifoit , ils demeuroient libres & déchargés de la Milice pour le moment préfent. Les garçons qui s'abfentoient dans ce même moment étoient déclarés Miliciens par préférence. Si le nombre excédoit celui des foldats que la Paroiffe devoit fournir, on faifoit tirer fur leurs noms feuls , en fuppofant néanmoins qu'ils étoient de l'âge & de la taille requis , & ceux à qui le fort ne tomboit pas étoient défignés & enrégiftrés pour marcher au premier remplacement , fans qu'un mariage poftérieur ou quelque nouvelle profeffion embraffée par eux puffent les en exempter.

Il étoit cependant question de
pourvoir au service actuel ; on
fit par conséquent tirer ensuite les
présens ; mais ceux qui furent engagés par ce tirage étoient libérés
de plein droit , à mesure que les
absens à qui le sort étoit échu re-
venoient , de sorte que le premier
absent qui paroissoit étoit substitué
au lieu & place du présent qui
avoit eu le premier billet défavorable , & ainsi des autres. Il étoit
de plus très-important de parer à
des abus qui s'introduisoient insensiblement. En premier lieu quelques Miliciens se faisoient remplacer lors de la revue des bataillons
par des hommes ou des garçons
qui n'étoient point déclarés tels ;
on arrêtoit ceux - ci , on les re-
mettoit au premier Officier des

troupes réglées dans lefquelles on les obligeoit de fervir toute leur vie, & s'ils défertoient, ils étoient punis fuivant la rigueur des Ordonnances. Je ne fais fi celle de cette nouvelle loi doit être aprouvée, & fi elle étoit d'une néceffité abfolue dans la circonftance. L'impunité des crimes eft plutôt la caufe des relâchemens que la modération des peines ; une févere condamnation à un fervice qui auroit eu un autre terme, n'auroit-elle pas produit le même effet ? la vie des hommes me paroît trop précieufe pour les expofer auffi légérement à la perdre. Quant à la reftitution de l'argent qu'ils avoient reçu pour leur engagement, elle étoit jufte à tous égards, & l'on ne peut qu'aplaudir à l'emploi qui en étoit fait , puifqu'il étoit diftribué aux pauvres. Le fecond abus dont il falloit fufpendre les progrès , réfultoit de la retraite que chacun s'empreffoit de donner avant ou après le tirage à ceux qui étoient fujets à la Milice , ou à ceux qui avoient été défignés Miliciens : une amende de cinq cens livres qui ne pouvoit être ni remife ni modérée , & dont l'exécution ne devoit recevoir aucun retardement , fut la peine impofée à tous ceux qui contrevenoient à la défenfe de les retirer & de les fouftraire à la vue des Commiffaires ou des Subdélégués & à la vigilance des Confuls. Relativement aux Infpecteurs & aux fous-Infpecteurs ci-devant nommés , l'Ordonnance que j'examine n'en fait aucune mention ; il paroît aussi que le premier Capitaine doit commander le bataillon à défaut de Lieutenant-Colonel dans la Province. Enfin l'exemption de la taille personnelle & industrielle est accordée à chaque soldat pendant l'espace de deux années pour leurs biens propres ou pour ceux de leur femme, supposé qu'ils se marient à leur retour. S'ils prennent des fermes ou exploitations étrangeres, ils sont taxés d'office. S'ils sont mariés, lors de leur entrée dans la Milice, ils jouissent d'une diminution de dix livres par an sur leur cotte personnelle pendant tout le tems de leur service, & les peres sont non seulement exempts de la collecte, mais leurs cottes ne peuvent être augmentées tant que leurs fils portent les armes.

Cette grace & ce dédommagement dus en quelque maniere aux enfans qui fervoient & aux pères à qui ces mêmes enfans étoient enlevés , furent confirmés ainfi que plufieurs des difpofitions dont nous venons de rendre compte , lors de la levée de trente nouveaux bataillons que l'on ajouta à quatre-vingt-treize bataillons qui étoient fur pied. On les porta les uns & les autres à 684 hommes chacun pour les égaler en force à ceux des troupes réglées. (*b*) Ici les abfens font condamnés à fervir leur vie durant dans la Milice. Nul homme , quand

(*b*) Ordonnance du 12 Novembre 1733, fous M. d'Angervilliers.

même il feroit né & domicilié dans la Paroiffe n'eft reçu Milicien fi le fort n'en a décidé , & tout Milicien qui fubftitue quelqu'un à fa place doit fervir huit années au lieu de cinq qui étoient le terme propofé pour le licenciement de cette nouvelle levée , la moitié des foldats devant être congédiée & remplacée après les trois premieres années expirées, & l'autre moitié à la fin de la cinquieme. Chaque nouveau bataillon eft compofé de 12 compagnies ; celles des 93 fubfiftant font dédoublées & mifes par ce moyen à 57 hommes, fans y comprendre les Officiers parmi lefquels nous trouvons un Major au lieu d'un Aide-Major feulement. Les Paroiffes font tenues de fournir l'équipement en nature & de payer huit livres en argent, trois livres font délivrées à chaque foldat, le furplus eft appliqué aux frais des Commif. faires employés à la levée ; ainfi la gratification de 25 livres dont nous avons parlé eft totalement fuprimée.

L'entretien de 123 bataillons pendant la paix auroit été auffi inutile qu'onéreux. Le nombre en fut réduit à cent, (c) compofés chacun de 600 hommes diftribués en fix compagnies qui furent divifées chacune en quatre efcouades de vingt-quatre hommes. Chaque efcouade formée des Miliciens des Paroiffes voifines & de proche en proche étoit com-

(c) Ordonnance du 20 Novembre 1736, fous M. d'Angervilliers.

mandée par un Sergent , homme intelligent & qui avoit l'espérance de parvenir au grade d'Officier. Ces Sergens tenoient un état des soldats de leurs cantons & des lieux qu'ils habitoient ; par ce moyen ils pouvoient les rassembler aisément. Il leur étoit libre ainsi qu'aux Miliciens de se marier , ce qui ne les dispensoit pas du service ; ces derniers obtenoient aussi la permission de travailler où bon leur sembloit & hors de leurs Paroisses , pourvu qu'ils déclarassent aux Syndics le lieu où ils desiroient de se rendre. Le Syndic en devoit avertir le Sergent à qui il étoit expressément défendu de s'absenter sans un congé signé de l'Intendant ou du Subdélégué. Les privileges accordés

étoient l'exemption de la capitation & de la collecte des tailles
& autres impofitions non feulement pendant les fix années de
fervice dont ces Miliciens étoient
tenus, mais encore durant trois
années après l'expédition de leur
congé abfolu, en fuppofant néanmoins qu'ils ne feroient valoir que
leurs biens propres. Ce n'étoit plus
un Major, mais un Aide-major qui
étoit entretenu dans chaque bataillon. Six mois de prifon & dix
ans de fervice dans la Milice au
delà du tems qu'on devoit y fervir,
étoient la punition de quiconque
fubftituoit un homme à fa place;
le fubftitué étoit condamné à trois
ans de galere, & les Confuls qui
avoient favorifé la fubftitution, à
cinq cens livres d'amende. Il en

étoit de même lorfqu'ils avoient toléré des contributions ou cotti-fations en faveur de ceux fur qui le fort étoit tombé. Il étoit néan-moins permis à tout foldat de fe faire remplacer par fon frere.

Les chofes refterent dans cet état pendant quelques années & l'on fe contentoit d'affembler (*d*) ces Milices ou ces bataillons , lorfqu'on penfa à une augmenta-tion de 30000 hommes dont la levée devoit être faite dans les Villes capitales & autres qui en avoient été exemptes par le paffé, & fubfidiairement dans les autres Villes & Paroiffes du plat-pays des Provinces & Généralités du

(*d*) Ordonnances d'Affemblées du 23 Février 1737. , du 1 Mars 1738. & du 3 Février 1739. fous M. d'Angervilliers.

Royaume. (e) C'eſt cette même levée que l'on peut regarder comme
l'époque du dérangement de la
plus grande partie des communautés des arts & métiers dans quelques Villes commerçantes. D'un
côté la faveur & la protection
dues au commerce , & de l'autre
l'occaſion de purger ces Villes du
nombre de vagabonds & de gens
inutiles & ſans aveu dont elles
pouvoient être ſurchargées & in-
fectées, déterminerent à accorder
à chaque corps la faculté de fournir ſans tirer au ſort le nombre
d'hommes qui leur étoit demandé:
Mais rien ne touche d'auſſi près
l'utilité que les inconvéniens , &
les vues les plus pures ſont aiſé-

(e) Ordonnance du 30 Octobre 1742. ſous
M. de Breteüil.

ment fuivies d'effets fâcheux &
nuifibles dès qu'elles font altérées
& mal remplies. Ces corps étoient
hors d'état de travailler par eux-
mêmes à l'efpece de remplacement qui leur avoit été permis.
Ils furent par conféquent contraints
de s'adreffer d'abord à des embau-
cheurs de toute efpece , & enfuite
à des Officiers de Ville que l'appas
& l'idée du lucre avoient déjà mis
en mouvement & foutinrent dans
un vil trafic d'hommes qu'ils enle-
vóient de toutes parts & dont le prix
étoit porté par eux à des fommes ex-
ceffives. Plus ces Officiers étoient
occupés de ces levées, plus la forte
de gens propres au fervice & néceffaires aux Communautés dans
cette circonftance devenoit rare.
Chaque corps fut obligé de paffer

par leurs mains. Ces nouveaux em-
baucheurs s'enrichirent ou firent
un gain confidérable , tandis que
les Communautés fe reffentent encore des emprunts énormes auxquels elles ont eu recours pour fub-
venir à une dépenfe plus onéreufe
pour elles que ne l'euffent été la
perte ou l'abfence des ouvriers ou
des fils de Marchands & de Maîtres fur qui le fort auroit pu tom-
ber.

Quoi qu'il en foit, une partie des
30000 hommes levés fut employée
à augmenter de trois cens hommes trente-huit bataillons (f) des
précédentes Milices , qui n'étant
que fur le pied de 600 hommes
furent formés à neuf cens chacun.

(f) Ordonnance du 25 Janvier 1743. fous
M. d'Argenfon.

Bientôt

Bientôt après cette augmentation ne parut pas fuffifante. On en fit une autre de 36000 (*g*) hommes dont une portion fut prife égale-ment dans les Villes & de la même maniere , enforte que les corps des arts & métiers con-tracterent encore de nouvelles dettes qui ajoutées aux premieres les ont de plus en plus arriérés. Ces 36000 hommes furent deftinés à rétablir à 600 hommes les batail-lons réduits au deffous de ce nom-bre par les recrues qui en avoient été tirées pour les troupes , (*h*) & à augmenter les autres bataillons à proportion. On en comptoit cent

(*g*) Ordonnance du 10 Juillet 1743. fous M. d'Argenfon.

(*h*) Ordonnance du 5 Octobre 1743. fous M. d'Argenfon.

F

treize compofés de douze compagnies de cinquante hommes dans
quelques uns ; de foixante , de foixante & quinze & de quatre-vingt
dans les autres , felon le fond des
hommes qu'ils comportoient. Depuis ils furent mis à neuf compagnies , & à fixcens dix hommes chacun. (*i*) Une de ces compagnies
étoit formée de cinquante grenadiers choifis dans celles des fufiliers qui chacune en fournirent fix,
& les huit autres étoient formées
de foixante-&-dix de ces mêmes
fufiliers. Les Miliciens engagés volontairement pour fervir dans les
régimens d'infanterie à la place
des nouvelles recrues & qui devoient rejoindre leurs bataillons

(*i*) Ordonnance du 15 Septembre 1744.
fous M. d'Argenfon.

auſſitôt que la campagne feroit fi-
nie , fous peine d'être traités comme déferteurs , furent à leur retour
placés de préférence parmi les
grenadiers , & on renvoya aux
régimens qu'ils quittoient les hommes de recrue qui avoient fait pour
eux le fervice dans la Milice.

Cette nouvelle création d'une
compagnie de grenadiers dans chaque bataillon , annonçoit & pré-
paroit celle des régimens de grenadiers royaux qui ont été formés
dans la fuite. (k) On en leva d'a-
bord fept d'un bataillon chacun ,
compofé de douze compagnies tirées dans les grenadiers que l'on
venoit d'établir. Chaque compagnie de 50 hommes eut un Ca-

(k) Ordonnance du 10 Avril 1745. fous
M. d'Argenfon.

F ij

pitaine en premier, un Capitaine en second, un Lieutenant, & à défaut d'un Capitaine en second un sous-Lieutenant. Un Colonel & un Lieutenant-Colonel qui n'étoient attachés à aucune compagnie commanderent ces régimens qui tous furent distingués par le nom de leur Chef. A la fin de chaque campagne, les compagnies rejoignirent les bataillons de Milice dont elles avoient été tirées, & le printems arrivé, on les enrégimenta de nouveau pour les faire servir dans les armées. Elles étoient toujours complétées de sujets pris dans les huit compagnies de fusiliers; chacune d'elles en fournissoient cinq désignés par les Commandans des Places & par les Commandans des ba-

taillons, & ces fujets ainfi marqués dans les compagnies étoient
fouvent exercés enfemble & employés préférablement à tous autres foldats pour les efcortes ou
dans les détachemens.

Il fut queftion encore de remplacer les Miliciens qui manquoient
& d'augmenter en même tems les
bataillons : (*l*) ces deux objets
furent remplis par deux levées
d'hommes dont le fervice fut de
fix années. De plus les neuf bataillons de Milice levés dans les
Duchés de Lorraine & de Bar
(*m*) avoient été mis fur le pied de
ceux des Provinces & Généralités

(*l*) Ordonnance du 30 Octobre 1745. Ordonnance du 22 Novembre 1746. fous M.
d'Argenfon.

(*m*) Ordonnance du 1er Février 1742. &
12 Avril 1743. fous M. d'Argenfon.

F iij

du Royaume ; (*n*) mais dans la nécessité où l'on étoit d'avoir des armées nombreuses, & de tirer des corps destinés à la garde des Places qui forment la sûreté des frontieres une énorme quantité de recrues pour les troupes réglées, ce secours étoit très foible ; on obligea donc les pays conquis du Brabant, de la Flandre, du Hainault & du Comté de Namur (*o*) à contribuer de 4928 hommes à la nouvelle augmentation qui devoit porter chaque bataillon à six cens quatre-vingt-quatorze & leur donner une consistance capable d'assurer toujours davantage le service qu'ils devoient faire. Ils

(*n*) Ordonnance du 1er Novembre 1745. sous M. d'Argenson.

(*o*) Ordonnance du 25 Décembre 1746. sous M. d'Argenson.

avoient alors deux compagnies de grenadiers, l'une de grenadiers appellés poftiches qui fut compofée de 60 hommes au lieu de cinquante - fix dont elle avoit été formée, & l'autre de cinquante feulement fur le pied de fa premiere création. Quant aux huit compagnies de fufiliers elles furent mifes à foixante & treize hommes chacune. Les Miliciens des pays conquis devoient fervir autant de tems que les Miliciens nationaux, & on promit de leur donner la liberté de retourner chez eux à l'expiration de ce terme ou à la conclufion de la paix. S'ils s'abfentoient de la troupe fans permiffion & fans congé, ils fubiffoient la peine de mort ainfi que les autres déferteurs.

F iv

La forte & la vive impreſſion d'un mal préſent étouffe toujours celle d'un mal à venir & auquel l'on peut ſe flatter d'échapper ; ainſi ni la terreur que devoit inſpirer cette peine, ni la crainte de celles auxquelles étoient condamnés les fugitifs, ſelon les différentes circonſtances de leur évaſion, n'avoient pu parer aux déſertions & aux abſences. Elles devenoient chaque jour plus fréquentes. On crut qu'il étoit à propos d'expliquer dans une Ordonnance particuliere les différens genres de châtimens à infliger dans les cas divers qui s'offroient. (*p*) Les abſens avant le tirage devoient être contraints

(*p*) Ordonnance du 1ᵉʳ Janvier 1748. ſous M. d'Argenſon.

à fervir l'efpace de douze années,
& ceux qui s'étoient abfentés après
avoir été déclarés, préfentés & enrégiftrés comme Miliciens, à fervir toute leur vie. Quant aux foldats qui défertoient du quartier où
ils avoient été affemblés, ou dans
la route qu'ils faifoient fous le
commandement des Officiers dé-
tachés & chargés de les conduire
à leur troupe, ils encouroient la
peine des galeres perpétuelles ;
& ceux qui défertoient de la compagnie, & qui l'avoient quittée
fans congé ou abandonnée pour
s'engager dans d'autres troupes ,
étoient punis de celle de mort.
Quelque précifes qu'étoient ces
difpofitions, on en tempéra la févérité (*q*) dès le moment du li-

(*q*) Ordonnance du 6 Août 1748. fous
M. d'Argenfon.

cenciement de ces corps dans les Provinces. La punition du premier & du fecond délit fut reftrainte à dix années de fervice, & les défertions n'entraînerent plus la perte de la vie, mais une condamnation aux galeres à perpétuité. Depuis ce relâchement qui n'a lieu qu'en faveur des Miliciens on n'a pas obfervé une augmentation dans le nombre des coupables, ce qui prouve qu'une loi pour être dure n'en a pas toujours plus de force ; fouvent au contraire fon impuiffance & fa foibleffe n'en paroiffent que mieux.

En même tems qu'on ufoit d'indulgence ou de moins de rigueur envers les déferteurs & les abfens, il importoit de contenir ces troupes fur les attroupemens illicites, fur des exactions en argent & en denrées, enfin fur une infinité de crimes & de délits militaires. La peine due à tout perturbateur du repos public fut celle de tous Miliciens aſſemblés qui exigeroient illégitimement & avec violence; & en ce qui concerne les autres délits, il fut dit qu'ils feroient traités de même que les criminels & les délinquants des troupes réglées. Tel fut l'ordre que l'on mit dans un corps dont l'utilité étoit toujours de plus en plus reconnue & qui avoit rendu des fervices importans tant dans les armées que dans les places confiées à ſa garde. La néceſſité de le gouverner par les mêmes principes qui en avoient fait le ſoutien détermina au furplus la confirmation de la plus grande partie des diſpoſitions renfermées dans les Ordonnances précédentes, & l'on chercha à concilier ces vues avec l'économie intérieure des Provinces par rapport à la culture des terres. Les bataillons furent conſervés pendant la paix ſur le pied de cinq cens hommes ſeulement ; on délivra des congés abſolus dans un nombre égal à celui qui excédoit le nombre fixé, & la totalité de la Milice devoit être congédiée & remplacée dans une révolution de cinq années. Les Miliciens qui avoient ſervi ſix ans jouiſſoient pendant une année de l'exemption de la taille, & ceux qui dans le cours de cette même année contractoient mariage, bénéficioient de ce privilege deux ans de plus, outre qu'ils étoient taxés d'office modérément pour les fermes. Ils étoient aussi exempts de la capitation & de la collecte toute la durée de leur service, & ces mêmes avantages étoient accordés à ceux qui avoient été incorporés dans les troupes. Le vêtement & les armes furent toujours fournis par le Roi, & si je ne me trompe, ce fut dans cette même circonstance que les Paroisses cefferent de fournir la somme fixée par les Intendans pour le petit habillement; l'impofition s'en fit d'abord fuivant leurs forces, & enfuite au marc la livre de la taille, ainfi que fe fait la répartition de la fomme deftinée fuivant un arrêt du Confeil à l'entretien & à la folde de la Milice,

& dont le fonds eſt porté aux re-
cettes générales.

De quelque pays que fuſſent les
grenadiers royaux, ils faiſoient
toujours partie des Miliciens de
la Province; ils ſe ſoumettoient à
y faire la réſidence & indiquoient
à cet effet les Paroiſſes où ils
ſe propoſoient de demeurer. Ce
corps qui s'eſt diſtingué dans toutes les occaſions & qui a fourni
depuis une quantité de ſujets aux
grenadiers de France, ſe recru-
toit dans celui des poſtiches. Avant
la ſéparation des bataillons dont
vous ſavez que le Lieutenant-Colonel ou le Commandant eut le
même rang que les Commandans
des bataillons de l'infanterie fran-
çoiſe, il eut ordre de ſe rendre
dans des Villes fermées ou Places

de guerre qui lui furent indi-
quées. On y assembloit dans chacune d'elles dix compagnies , qui
y formoient des bataillons séparés ,
& après avoir été exercés une fois
par jour au moins pendant un
mois à toutes les manœuvres de
guerre , chaque compagnie eut la
liberté de se retirer.

Je n'apperçois en examinant les
sept années qui suivent que des
délivrances de congé , des assem-
blées, des remplacements ; les bataillons furent ensuite portés à cinq
cens quatre-vingt-dix hommes ,
(r) & bientôt après à 630. (s)
Alors on tira de ceux qui furent

(r) Ordonnance du 1er Janvier 1756. sous
M. d'Argenson.

(s) Ordonnance du 5 Décembre 1756.
sous M. d'Argenson.

affemblés les compagnies de grenadiers & celles de grenadiers
poſtiches pour former des régimens de deux bataillons com-
poſés de vingt compagnies dont
dix de grenadiers & dix de poſtiches , à la tête deſquels furent
placés un Colonel & un Lieutenant-Colonel, ainſi qu'un Major
& deux Aides-Majors. Les deux
premieres compagnies des poſtiches de chacun de ces régimens
eurent un ſecond Lieutenant chargé de porter les drapeaux. Tous
ces différens grenadiers formoient
un corps ſemblable à celui dont
nous venons de parler. Il en fut
de même lors de l'aſſemblée du
ſurplus des bataillons de Milice.
(t) Le nombre des grenadiers

(t) Ordonnance du 15 Avril 1756. ſous
M. d'Argenſon.

qu'ils

qu'ils fournirent , joint à celui que les autres avoient déjà donné , compofa onze régimens employés dans les armées & fur les côtes.

On avoit auffi choifi dans chacun de ces bataillons deux compagnies de fufiliers pour en former vingt - un bataillons particuliers deftinés au même fervice ; le fonds de ce qui reftoit de Milices pour la garde des places ne fubfiftoit donc plus que fur le pied de fix compagnies de foixantecinq hommes par bataillons ; & ce fonds n'étant point fuffifant , ces fix compagnies furent portées chacune à 85 hommes , de maniere que chaque bataillon en comporta cinq cens dix (*u*).

(*u*) Ordonnance du 1 Novembre 1757. fous M. de Paulmy.

G

De nombreuses incorporations jetterent dans la nécessité de rétablir ces bataillons sur le pied de huit compagnies, sans y comprendre celles de grenadiers & de grenadiers postiches. (*x*) Ceux qui servoient à l'armée du bas Rhin & qui étoient au nombre de cinquante-sept furent mis à cinq cens vingt-huit hommes chacun, & les quarante-huit autres à quatre cens quarante-huit. Enfin de nouveaux besoins solliciterent une nouvelle augmentation : ces mêmes bataillons furent portés à sept cens vingt hommes (*y*) & subsistent sur ce même pied dans le moment présent.

(*x*) Ordonnance du 1ᵉʳ Avril 1758. sous M. le Maréchal de Belle-Isle.

(*y*) Ordonnance du 25 Août 1758. sous M. le Maréchal de Belle-Isle.

J'imagine , Monfieur , & l'on doit croire que lors de toutes ces différentes levées , les répartitions ont toujours été faites fur les Généralités & fur les Provinces dans une jufte proportion & d'après une connoiffance (ҕ) auffi exacte

(ҕ) Je dis d'après une connoiffance auffi exacte qu'elle peut l'être ; car nulle regle d'une juftesse mathématique dans l'opération d'un dénombrement. Toute démonftration rigoureufe à cet égard ne feroit pas poffible dans des pays où le peuple ne payeroit pas la moindre taxe au Souverain ; à plus forte raifon devroit-on défefpérer d'y parvenir dans ceux où il fe verroit en proie à des traitans avides & où les moindres lumieres pourroient être une fource d'injuftices & d'oppreffions.

On calcule le nombre des perfonnes par celui des feux ou des familles.

On fait auffi le même calcul par le dépouillement des régiftres des baptêmes, mariages & fépultures.

En procédant par la premiere opération , on a communément fuppofé 5 ou 4 têtes $\frac{1}{2}$ par feu. Je ne fais fi les calculs de *M. John Graunt*

qu'elle peut l'être du nombre des

(*natural and political observations made upon the bils of mortality*) font exactement juftes. Il divife les habitans de tout fexe à Londres en 48000 familles qui multipliées par 8 donnent 384000 ames. *Mr. Graunt* a-t-il eu une notice certaine des feux de cette grande Ville ; & d'une autre part comment a-t-il pu s'affurer du nombre réel des habitans qu'elle renferme, étant d'ailleurs privé de l'avantage de pouvoir être éclairé fur ce point par les régiftres des baptêmes, puifque de fon aveu depuis 1650, jufques en 1660, la moitié des nouveaux nés n'avoient pas été baptifés ? Quoi qu'il en foit, le réfultat de toutes mes recherches me paroîtroit prouver qu'en France la multiplication par 5 eft applicable aux Villes un peu confidérables, & la multiplication par $4\frac{1}{2}$, à la totalité du Royaume. Cette différence naît vraifemblablement du nombre des perfonnes attirées dans les Villes, tant pour le fervice des perfonnes riches & aifées, que pour les différentes manufactures & fabriques qui y font établies.

La feconde opération confifte dans la connoiffance du nombre des naiffances, des mariages & des morts depuis un certain nombre d'années. Ces années divifées en deux portions, on examine d'abord fi la quantité des morts, mariages & naiffances excede dans la première

peuples confidérés d'abord par

portion la quantité offerte dans la feconde ;
& cette premiere comparaifon peut donner une
idée générale de l'augmentation ou de la diminution du peuple. On fait enfuite des années
de l'une ou l'autre de ces portions , & de la feconde , s'il s'agit de juger de la population actuelle , une année commune des naiffances.
Cette année commune multipliée par 34 donne ,
felon *M. de Voltaire* (*Effai fur l'Hiftoire
Univerfelle* , art. *de Rome du tems de Sixte V.*)
le nombre que l'on cherche. Je crois pouvoir
avancer que le produit de cette multiplication feroit beaucoup trop fort , & je penfe
qu'un calcul étayé fur cette regle feroit inévitablement faux. Par un dénombrement fait
en 1755. des habitans de la Ville de Geneve ,
le nombre en a été porté à 21816. Il y eft
né depuis 1749 , & en dix années de tems
7511 enfans. L'année commune des naiffances
eft par conféquent 751 que je multiplie par
28 , & je trouve 21028 perfonnes ; en multipliant par 29 j'en trouverois 21779 , & l'on
voit que fi je calculois par 34 , cette multiplication excéderoit de beaucoup la quantité réelle des têtes à compter , puifque j'aurois un
produit de 25534. Il y a eu dans le même
efpace de tems 1927 mariages , ce qui revient

G iij

le sexe , par l'âge , par les condi-

à environ 4 enfans par mariage , & ce qui pourroit faire présumer que les pays protestans
ne sont pas plus féconds que les pays catholiques.

Suivant les tables curieuses de M. *Neewman*
sur lesquelles M. *Hosley* a travaillé & a fait des
observations très-belles consignées dans les actes
de la Société royale de Londres , on comptoit
dans la Ville de Breslaw l'année 1691 , 34000
ames & 1238 naissances par année. Ces naif-
sances multipliées par 27 donneroient 33426.
Par 28 , 34664 , au lieu que par 34 , j'aurois
le nombre exorbitant de 42092.

L'année commune des naissances dans celle
de Lyon est 3960. En la multipliant par 28 , on
trouve 110880 & en la multipliant par 29 ,
114840. Voyons si l'un de ces nombres ré-
pondra à celui que nous indiqueroit la consommation. Celle du bled , qui est sans con-
testation la plus générale y est de 180000 années
qui reviennent à 225000 septiers de 240 l.
poids de marc. En supposant , ainsi que M.
Dupré de S. Maur l'a fait relativement aux
habitans de Paris , dans son ouvrage qui a pour
titre , *Essai sur les Monnoies, pag.* 59, que les
habitans de Lyon consomment par année les
uns dans les autres deux septiers , ils seront au
nombre de 112500 ; or pour parvenir à ce

tions, par les emplois, & envi-

nombre en confidérant l'année commune des naiſſances, il faudroit la multiplier au deſſous de 29 & au deſſus de 28.

Les habitans d'Aurillac Ville de la Province d'Auvergne formée de 733 maiſons & contenant 1355 familles, ont été comptés tête par tête. Le nombre des mâles s'eſt trouvé monter à 2951 , & celui des femelles à 3771 , en tout 6722, ſans y comprendre 291 perſonnes engagées dans l'état eccléſiaſtique, car le Clergé faiſant la 24ᵉ partie de cette même Ville me donneroit avec les 6722 habitans 7013 têtes. 280 eſt le nombre que m'a préſenté l'année des naiſſances. Je le multiplie par 25 , je trouve 7000 ames. Je compte par 5 les 1355 feux, & j'ai le nombre de 6722 perſonnes de tout ſexe & de tout âge.

Dans un Village compoſé de 2700 habitans & où l'année commune des naiſſances eſt 108 , cette même regle de 25 me donne 2700.

Une Paroiſſe de 316 feux rend 1570 têtes dont 806 mâles & 764 femelles ; les 316 familles multipliées par 5 font 1580 , & l'année commune des naiſſances étant 63 , en multipliant encore par 25 , on trouve 1575.

J'ai vu une autre Paroiſſe de 217 familles d'où réſultoient 1059 habitans dont 514 mâles & 545 femelles ; 217 multipliés par 5 , j'ai trouvé 1059 têtes, & l'année commune des

fagez enfuite relativement aux ter-

naiffances étant 38 , la multiplication par 28 m'a donné 1064 habitans.

249 feux produifant 1111 têtes, dont 595 mâles & 516 femelles , 249 multipliés par 4 ½ font 1120 , & 44 étant l'année des naiffances, la multiplication par 25 m'a fourni le nombre de 1100,

Il en eft de même de plufieurs autres Villages,

L'un de 179 familles comportant 812 habitans dont 399 mâles & 413 femelles. Les 179 feux multipliés par 4 ½ donnent 805 , & 35 , année des naiffances, multipliés par 25 , rend 875.

L'autre compofé de 220 feux donnant 1098 habitans dont 559 mâles & 539 femelles. Les 220 feux multipliés par 5 fourniffent 1100 têtes, & l'année des naiffances au nombre de 46 multipliée par 25 donne 1140.

Ces obfervations ont été faites dans la feule Province d'Auvergne ; parcourons d'autres Généralités.

La Ville de S. Chaumont dans la Généralité de Lyon contenant 1209 feux qui rendent 4938 perfonnes , ce qui fait 4 perfonnes $\frac{1}{12}$ par famille , m'a préfenté pour année commune des naiffances le nombre de 187 que j'ai d'abord multiplié par 26. Le produit a été 4862 & celui de la multiplication par 27, 5049.

ritoires qui exigent & demandent

Dans la Province de Champagne & dans une Paroiſſe de 141 feux rendant 575 perſonnes dont 286 mâles & 289 femelles, les 141 familles par 4 donnent 564 ; l'année des naiſſances étant 25, j'ai multiplié par 23 & j'ai trouvé 575. Il eſt bon de remarquer que dans cette même Paroiſſe on compte 8 ſoldats, 22 artiſans ou domeſtiques mâles établis dans la Capitale, ainſi que 12 filles ouvrieres ou domeſtiques qui ſont également à Paris.

Un autre Village de cette même Province ayant 69 feux qui produiſent 294 habitans, ce qui fait 4 $\frac{1}{4}$ par famille, l'année des naiſſances étant 12, la multiplication par 25 donne 300. Dans ce Village il y a 138 mâles & 156 femelles.

Suivons les mêmes calculs dans la Bourgogne & dans la Généralité de Paris, car le nombre des exemples eſt ici très-néceſſaire, & je ne crains point de m'expoſer au reproche de m'être trop étendu dans cette note.

Je connois dans la premiere de ces Provinces deux Paroiſſes ; l'une de 143 feux rendant 709 habitans dont 358 mâles & 351 femelles. Les 143 familles multipliées par 5 donneront 715 ; & 29, année commune des naiſſances, multipliés par 25 produiront 725. L'autre de 84 feux & de 449 habitans dont 225 mâles & 224 femelles ; les 84 familles multipliées

felon leur nature & leur qualité

par 5 $\frac{1}{4}$ font 441 têtes ; & 21 , année des naiffances , multipliés par 21 fait 441.

Dans le voifinage de Paris 72 feux rendant
291 habitans , les familles multipliées par 4
donnent 288 , & l'année commune des naiffances étant 12 , multiplions 12 par 25 , nous
aurons le nombre de 300.

Une autre Paroiffe de 20 feux & de 90
habitans exige la multiplication par 4 $\frac{1}{2}$; &
5 , année des naiffances , multipliés par 20
donne 100.

Je fuis donc convaincu , bien loin d'adopter
la regle de 34 , que celle de 30 eft la plus forte
qu'on puiffe fuivre dans la multiplication des
naiffances relativement aux Villes d'un certain
ordre , & que celle de 25 eft la plus fûre pour
découvrir le nombre des habitans des petites
Villes & des Campagnes. Je fuis encore per-
fuadé que qui connoîtroit au jufte le nombre
des feux ou des familles opéreroit d'une maniere plus fûre & plus fimple en multipliant
par 5 & par 4 $\frac{1}{2}$ le nombre connu , fuivant ce
que j'ai dit ; car lorfqu'on fe livre à l'autre
méthode , on ne doit pas oublier que la comparaifon des morts & des baptêmes eft d'une
néceffité indifpenfable à l'évaluation des hommes exiftans , puifque felon le plus grand nombre des tables qui ont été faites fur la durée

un plus ou moins grand nombre de cultivateurs ou de bras. (*a*) Le

de la vie humaine , nous ne voyons pas un tiers des enfans parvenir à l'âge de 12 ans.

Le même *M. Hosley* dont j'ai parlé , guidé toujours par les tables de *Neewman* , compte à Breslaw depuis 1687 jusqu'en 1691 inclusivement 6193 naissances & 5869 morts , c'est-à-dire 1238 baptêmes par année , ainsi que nous l'avons dit , & 1174 enterremens , d'où l'on peut conclure l'augmentation du peuple dans cette Ville par 64 par an , ou une vingtieme partie ; mais il a supposé l'augmentation du peuple de 1238 naissances annuellement , & il a remarqué que 348 enfans meurent dans la premiere année de leur âge & 193 dans les cinq années entre un & six ans complets , de forte que 697 enfans feulement des 1238 qui font nés , furvivent fix années entieres. Depuis cet âge ils acquierent plus de force & font moins fujets à la mortalité. Au furplus en fixant fur 34000 habitans 1174 morts par an , ç'eft environ une trentieme partie qui meurt annuellement , ainfi que le Chevalier Peky l'a calculé pour Londres , & il eft encore évident par ces mêmes tables que la moitié de ceux qui naiffent meurt en 17 ans de tems , le nombre de 1238 étant alors reduit à 616.

(*a*) Voici un calcul très-fimple & qui doit faire préfumer que tous ces points divers ont

cens eſt à l'homme d'État ce que la bouſſole eſt au Pilote. Celle-

été ſcrupuleuſement diſcutés & examinés. Si l'on n'avoit cherché en effet qu'une proportion rélative au nombre des peuples dans chaque Généralité, les erreurs commiſes ſeroient évidentes.

Nous ſuppoſons le même nombre d'hommes indiqué Provinces par Provinces dans le dénombrement des peuples du Royaume par M. de Vauban. Il eſt inconteſtable que ſi l'on eût reparti les hommes à lever en raiſon ſeulement de ce nombre comparé,

La Généralité de Paris compoſée de 856938 têtes & fourniſſant 4200 hommes,

Le Soiſſonnois qui contient 611004 ames, au lieu d'en donner 1800, en auroit dû fournir 2995.

La Picardie qui en renferme 519500, au lieu de 1800, 2547.

L'Orléanois cenſé avoir 607165 habitans, au lieu de 2400, 2975.

Le Bourbonnois qui en a 324332, au lieu de 1200, 1589.

La Touraine qui en a 1069616, au lieu de 3000, 5242.

La Bretagne qui en a 1655000, au lieu de 4200, 7763.

Le Poitou qui en a 612621, au lieu de 1800, 2873.

ci eſt l'inſtrument qui nous guide
au travers des mers & à la faveur

Le Limouſin qui en a 585000, au lieu de
1200, 2867.

L'Auvergne qui en a 557068, au lieu de
1200, 2730.

Le Lyonnois qui en a 363000, au lieu de
1200, 1779.

Le Dauphiné qui en contient 543585, au
lieu de 1200, 2664.

Le Languedoc qui en renferme 1441000,
au lieu de 3600, 7062. &c.

On objectera peut-être que le nombre des
peuples n'étoit pas le même en 1726, tems
où la répartition dont il s'agit a été faite, que
dans celui où M. de Vauban a écrit. Je répondrai que dans les premieres années de ce
fiecle on obſerve ces énormes diſproportions,
car ſi en 1704 Paris donnoit 1400 hommes,

L'Auvergne en devoit fournir 910, au lieu
de 700.

Le Dauphiné 888, au lieu de 500.

Le Languedoc 2354, au lieu de 1600.

La Bretagne 2703, au lieu de 1800.

Tours 1747, au lieu de 1300.

D'ailleurs la variation des peuples dans les
diverſes Provinces ne pourroit être en raiſon
des différences que nous remarquons, & ne

duquel nous parvenons aux différentes extrémités de la terre : l'autre eſt la principale regle qui di-
rige dans le cours orageux & pénible de l'adminiſtration , & à l'aide
de laquelle on peut en découvrir
diſtinctement toutes les parties &
tous les vices.

Comment ſans des lumieres ſur
l'accroiſſement ou le décroiſſe-
ment de la population générale
décider ſainement de la force d'un

nous expliquera jamais pourquoi le Lyonnois
compoſé de 363000 hommes ſeulement, en
fournit autant que le Dauphiné qui en contient
543585 , & que le Limouſin & l'Auvergne, la
premiere de ces Provinces ayant 585000 ames
& la ſeconde 557068 &c. , & pourquoi telle
Province dans laquelle on ne compte que
340720 ames ſur 30000 hommes demandés
en fournit 1890 , ce qui fait à peu de choſe
près le 15e. du total , comme ſi cette Province
contenoit le 15e. des habitans du Royaume.

État ? Comment fans une forte
de tableau qui conftate la fomme
des naiffances , des mariages &
des morts dans tel ou tel climat
y apprécier la population particuliere , la fécondité ou la ftérilité,
la durée de la vie , les progrès
& les fuites de certaines maladies , l'influence plus ou moins
défavorable des faifons fur les in-
dividus , les qualités plus ou moins
falubres ou plus ou moins mau-
vaifes de l'air ? Par quelle voie
s'affurer de la quantité des hommes à armer pour la défenfe de
la Patrie ; de celle des perfonnes
occupées à la foutenir par leur induftrie & par leur travail ; de la
multitude plus ou moins grande
des gens qui lui font inutiles &
de ceux qui ne font qu'un fardeau

lourd & pefant pour elle ; du nombre des citoyens aifés , des citoyens opulens , des ouvriers qui
fubfiftent facilement , des ouvriers
qui ne fubfiftent qu'avec peine ?
Quel autre moyen de juger de la
difproportion des différentes claffes dont les unes ne fe groffiffent
que trop fouvent aux dépens des
autres ; d'évaluer la confomma-
tion journaliere , la dépenfe générale , le produit du commerce ,
des manufactures, des arts ; d'e-
xaminer & de connoître les productions du fol , productions dans
lefquelles confiftent principalement la richeffe nationale &
les revenus publics & particuliers ; de calculer & d'affeoir les
impôts ; d'éclairer de près la ré-
gie & de faire enfin une réparti-

tion

tion jufte & proportiônnée des
charges ? Je ne finirois pas, Monfieur, fi je voulois ne laiffer échapper ici aucun des avantages que
le gouvernement intérieur retire-
roit d'une foule de combinaifons
faites d'après un bon dénombrement des hommes & des terres.
Il eft fans doute fâcheux qu'ils ne
foient pas également fentis par toutes les perfonnes prépofées aux
parties fubordonnées de l'adminiftration, & que la plupart d'entr'elles affectent dans les départemens qui leur font confiés de
négliger toutes recherches ; comme fi toute diftribution, toute économie, toute comparaifon, toute
étude des caufes, toute confidération de leurs effets étoient inutiles ; en un mot, comme fi le fyf-

H

tême sur lequel nous vivons devroit être à leurs yeux, ce qu'il est aux foibles yeux du vulgaire, l'ouvrage continuel du hazard. Mais revenons à nos Milices.

Quels que soient les détails dans lesquels je suis entré, mon objet n'a pas été d'en écrire l'histoire. Cette entreprise eût demandé plus de travail ; elle eût exigé plus d'exactitude, plus d'ordre, plus de secours & plus de matériaux que je n'en ai eu pour construire ; mais réfléchissez, je vous prie, sur les inductions que présentent les Ordonnances que j'ai parcourues.

En même tems que ce nombre prodigieux d'hommes levés pendant une longue suite d'années vous prouve les ressources infinies que procure à la Monarchie une inſtitution pareille, ne voyez-vous pas auſſi que l'emploi de tant de forces dirigées contre ſes ennemis & pour ſa défenſe ne peut que la jetter dans un vérita-ble épuiſement, c'eſt-à-dire qu'au moment où elle ſe montre auſſi formidable au dehors que redou-table ſur ſes frontieres, elle s'af-foiblit & s'énerve néceſſairement au dedans, ſoit par les efforts qu'elle eſt obligée de faire pour s'entretenir dans ce degré de puiſ-ſance, ſoit en raviſſant elle-même aux Peuples le pouvoir & les moyens qu'ils auroient de l'y maintenir; car dès qu'elle lie les mains aux cultivateurs, qu'elle précipite les uns dans le décou-ragement, & qu'elle détourne les autres du ſoin de demander à la

H ij

terre les fecours qu'elle accordoit
plus ou moins libéralement à leurs
travaux, la fource où l'on doit
puifer pour acquitter les charges
eft aifément tarie ?

Les variations que vous appercevez encore dans des difpofitions qui certainement n'ont dû
tendre qu'à un feul & même but;
ces exemptions tantôt confidérables & tantôt modiques ; cette
févere prohibition de fubftituer
des hommes, fur le champ fuivie
de la faculté de fe rédimer pour
de l'argent ; cette même faculté
auffitôt enlevée qu'accordée ; ces
privileges d'abord déniés & con-
cédés enfuite aux peres des Miliciens ; cette faveur & cette déférence pour les fujets mariés,
déférence & faveur bientôt dé-

menties ; cette difcipline plus ou moins exacte & plus ou moins rigoureufe ; ces peines plus ou moins graves, plus ou moins outrées & toujours impuiffantes ; ces délits toujours conftans, ces abfences toujours fréquentes, ces défertions toujours multipliées , tout ne vous annonce-t-il pas , Monfieur , qu'il en eft de certains vices par rapport au corps politique, comme de certains maux par rapport au corps humain ? des remedes de toute forte tentés fucceffivement pour les détruire demeurent fans force & fans effet, ou s'ils operent quelquefois, ce n'eft qu'en altérant quelqu'autre partie trop effentiellement liée à celle fur laquelle ils s'exercent pour ne pas lui porter atteinte.

H iij

Rien n'égale peut-être le deuil & le désordre qui regnent dans les campagnes au moindre bruit d'une nouvelle levée. Repréfen- tez vous des meres défolées & tremblantes pour leurs enfans qu'- elles croient voir dejà frappés du coup dont le fort les menace , & qu'elles n'ofent néanmoins fouf- traire à ce même coup , dans l'appréhenfion, ou plutôt dans la certitude où elles font que la fuite bien loin de les en garantir n'eft qu'un moyen plus affuré de le leur rendre inévitable. Figurez- vous, d'une autre part, des pe- res agités & dévorés de la plus cruelle inquiétude , abandonnant leurs champs & renonçant à toute culture pour aller, fouvent au loin , mendier une protection &

un appui, dans la vaine efpérance
de conferver auprès d'eux le bien
le plus cher & la richeffe la plus
folide qu'ils puiffent avoir ; confidérez encore ces mêmes enfans
s'arrachant à leur habitation , er-
rans de côté & d'autre fans fa-
voir ou diriger leurs pas , les uns
cherchant une retraite & un afyle
dans les bois , les autres fuyant
dans des Provinces éloignées ;
ceux-ci abdiquant auffitôt une profeffion utile à l'État , mais qui leur
nuit , pour fe livrer dans les Villes
où ils fe cachent , à une profeffion
totalement inutile , mais qui les
exempte ; ceux-là enfin fe muti-
lant de leurs propres mains & plutôt déterminés à languir & à de-
venir à charge à eux-mêmes , qu'à
courir le rifque de fubir le joug
d'un fervice forcé.

A cette premiere perte qu'un défaut subit de culture occasionne, & à cette premiere émigration qui dépourvoit les Villages les plus considérables des garçons les plus propres à la Milice, succedent bientôt de nouvelles afflictions & de nouveaux troubles. L'indispensable nécessité de faire la levée sur les garçons présens & d'envoyer à leur destination ceux à qui le sort est malheureusement échu, accroît la dépopulation & augmente le désespoir ; une veuve qui ne subsistoit que des travaux d'un fils qui lui est enlevé, se trouve réduite dans la plus grande misere ; le fermier ou le laboureur pauvre par lui-même, mais plus ou moins aisé en raison de l'exploitation de sa

ferme ou de fa terre qu'il eſt forcé de négliger faute de moyens
pour la faire valoir, ſe trouve
tout à coup hors d'état de ſe ſou-
tenir & de ſubvenir au paiement
des impôts ſouvent exceſſifs dont
il étoit chargé & qu'on lui demande encore ; celui qui poſſede
quelques fonds les vend fort au
deſſous de leur valeur, comme
celui qui avoit fait quelqu'épar-
gne, ou qui peut employer ſon
crédit à faire des emprunts rui-
neux, ſacrifie tout pour racheter
la liberté de ſon enfant ; des Paroiſſes entieres au mépris de la
prohibition portée par les Ordonnances & du conſentement des
Intendans, interpretes plus ou
moins ſéveres de la loi, ſe pro-
curent des ſoldats à tout prix ;

d'autres Villages s'impofent des contributions très onéreufes en faveur des Miliciens ; ceux ci foutenus & accompagnés de Cavaliers & d'Huiffiers pourfuivent avec acharnement & à grands frais les fuyards ; ils fe tranfportent fous ce prétexte dans une foule de Paroiffes différentes ; ils vont de maifons en maifons pratiquer des extorfions atroces , & les rixes auxquelles de femblables pourfuites donnent lieu ne font que trop fréquemment fuivies d'affaffinats & de meurtres.

Je ne me rappelle point fans une forte d'émotion, Monfieur, le fpectacle que m'offrit un jour une affemblée de jeunes gens prêts à tirer au fort. Tous les mouvemens divers que le défefpoir , la

terreur, la triſteſſe , l'eſpérance
& une joie immodérée peuvent
communiquer & imprimer à l'a-
me ſe peignirent au dehors avec
les traits les plus marqués & ſous
tous les caracteres variés qui ré-
ſultent de l'action & des effets
différents de ces paſſions plus ou
moins fortes & plus ou moins
énergiques ſelon leur concours ,
ſelon le genre & la nature des fibres ébranlés , ſelon la propen-
ſion de ces mêmes fibres à des
ploiemens en tel ou tel ſens , ou
à des vibrations plus ou moins
violentes, ſelon leur état & leur
poſition actuelle , & ſelon le degré d'irritation qu'elles éprouvent.
Jamais il n'y eut de plus beau ſujet d'étude pour le Phyſicien &
pour le Peintre. Ici le déſeſpoir

mêlé fans doute de colere s'annonçoit par la férocité du regard, par la rougeur du vifage, par les rides dont le front étoit femé, par le froiffement des dents, par les mouvemens précipités & convulfifs des mains : là il fe manifeftoit par des regards inquiets & preffans, par un trémouffement involontaire & forcé des levres, par le trouble évident qui étoit répandu fur toute la face, & par des larmes qui s'échappoient & qui couloient goutte à goutte. Une entiere immobilité, une forte de ftupeur générale, le *hériffement* des cheveux, la *fixité* de l'œil, organe impuiffant dans ce moment terrible, déceloient dans quelques-uns l'épouvante. Ce même fentiment fe montroit dans quelques autres par le *creuſement* ou par l'allongement des traits ; par l'abattement des yeux ; par la forte preſſion & l'adhéſion intime des levres l'une à l'autre ; par la pâleur & par la rougeur qui ſe ſuccédoient alternativement, & par un tremblement étonnant dans tous les membres. J'en voyois dont les yeux étoient élevés & fixés vers le ciel, la bouche béante & les levres dans cet état de contraction auquel un ris purement corporel & ſardonien les détermine. De profonds ſoupirs, des bras affaiſſés & pendans, des paupieres à peine entr'ouvertes, une face livide & inondée de ſueur déſignoient dans ceux-ci l'abattement de toute la machine, tandis que ce même abattement étoit ſenſible dans ceux-là par la courbure de leurs corps, par la flexion de leurs genoux, par la pofition de leurs yeux conftamment attachés fur la terre, & par l'abandon total de leur tête qui livrée à fa pente naturelle s'inclinoit en devant & fuccomboit fous fon propre poids.

D'autres ébranlemens fufcités par l'approche de l'inftant redouté fe faifoient encore appercevoir à une infinité d'autres fignes, & de nouvelles révolutions non moins vivement caractérifées fuccédoient vifiblement & rapidement aux premieres. Tel qui étoit auparavant dans cet anéantiffement où l'ame, pour ainfi dire, éclipfée femble ne prêter au corps aucun mouvement, aucune vie, paroiffoit triompher fur le champ de cet accablement ; l'élévation de fa tête, l'affurance de fon regard, la fermeté de fon corps dénotoient en lui le courage & l'efpérance. Tel autre dont la férénité préfageoit d'abord la tranquillité & la conftance devenoit trifte, morne & interdit ; en un mot tous les modes, toutes les diverfes façons d'être & de fentir étoient extérieurement exprimés d'une maniere fi intelligible par l'augmentation, la diminution & le changement de l'altération des linéamens où des traits de chaque vifage, qu'il étoit abfolument impoffible de méconnoître non feulement les différens genres, mais les différens degrés des affections vives & tumultueufes d'où naiffoient fucceffivement tant de défordres.

J'obfervai des touches encore plus reffenties & des paffions plus fortement prononcées , lorfqu'il fut queftion d'interroger le fort. Le malheureux qui avoit témoigné le plus d'impatience d'apprendre le fien fe traînoit avec peine vers le lieu où le hafard en alloit décider ; fa main fe refufoit à l'action qui devoit l'en inftruire ; il ne fe faififfoit qu'en frémiffant de la balle fur laquelle on auroit dit que fa deftinée étoit écrite, & la crainte & l'effroi l'emportant fur le defir d'être tiré d'une incertitude cruelle dans laquelle il auroit alors préféré de demeurer, il jettoit loin de lui & avec une forte d'horreur cette balle auffitôt qu'il l'avoit prife, & ne s'informoit pas de ce qui pouvoit

en

en réfulter pour lui de fatisfaifant ou de funefte. Un autre s'avan-çoit avec cette audace qu'infpi-rent quelquefois les grands dan-gers ; mais après s'être affuré par lui-même de la faveur du fort, il tomboit dans la fituation d'un hom-me épouvanté par le feul fouve-nir du péril éminent dont il eft échappé. Plufieurs s'offroient au coup avec une réfolution qui dans les uns tenoit moins en apparence du défefpoir & de la témérité, & qui dans les autres pouvoit être l'effet d'un véritable étourdiffe-ment. Parmi les premiers que le hafard rendit à eux-mêmes, quel-ques uns montrerent une tranquil-lité que je n'envifageai pas néan-moins comme une éxemption en-tiere de tout trouble ; cette tranquillité plus froide dans quelques autres me repréfentoit cet état d’indifférence qui eft plus voifin de la trifteffe que du plaifir. A l’égard des derniers, j’en contemplai beaucoup dont le contentement fe manifeftoit par des pleurs plus ou moins abondants; d’autres rioient & verfoient à la fois des larmes; d’autres encore crioient, rioient & faifoient des bonds & des fauts malgré eux; l’équilibre des vibrations étant en effet rompu, l’empire de la volonté eût été certainement trop foible pour balancer en eux dès le premier moment l’irruption foudaine & copieufe des efprits qui provoquoit leurs mouvemens; d’autres enfin non moins tranfportés parloient fans ceffe, & marquoient par une finguliere volubilité de lan-

gue le sentiment dont ils étoient in-
timement pénétrés, car l'abondance ou la superfluité des paroles est
souvent l'expression d'une joie immodérée, comme le silence est l'expression d'une douleur profonde.

En considérant aussi ceux qui
furent les victimes du caprice du
sort, je remarquai dans l'un d'eux
une résignation subite qui me sur-
prit d'autant plus, que cet aban-
donnement total de lui-même venoit d'être précédé par toutes les
démonstrations d'une terreur réelle. Un autre qui s'étoit soutenu jusques alors en masquant son effroi
de tous les dehors de l'arrogance,
fut aussi-tôt abbatu, une respira-
tion entrecoupée & tremblante lui
permettoit à peine de proférer
quelques plaintes ; mais celui qui

me remua le plus fortement étoit un homme que j'avois vu conftam- ment plongé dans la plus affreufe confternation. Il s'avança pas à pas & la tête toujours baiffée. La vue de l'objet dans lequel étoit renfer- mé fon arrêt, porta tout à coup la rage jufques dans le fond de fon ame ; foudain il grince des dents, frappe fa poitrine, & la déchirant d'une main avec fureur, il fouille de l'autre avec emportement ; il la retire de même, & tendant fon bras pour expofer à tous les yeux le fort qui lui eft échu, fon égare- ment eft tel que lui feul ne diftin- gue plus rien ; fes membres inca- pables de mouvement demeurent dans la fituation où ils fe trouvent, & toutes fenfations ceffent, pour ainfi dire, en lui, comme s'il eût

été atteint de cette maladie formidable où le corps s'en tient éter-
nellement à la poſition qu'il a pris
ou qu'on lui donne (*b*). Voilà,
Monſieur, une eſquiſſe très-légere
& très-foiblement coloriée d'un tableau bien frappant ; je n'ai cependant pas à me reprocher de n'avoir
apporté dans l'examen que j'en ai
fait que l'œil & l'attention du Phi-
loſophe ; il eſt des cœurs que rien
ne diſtrait des ſentimens qu'inſpire
l'humanité, & ceux-là ſeuls ſont
dignes du vôtre ; mais en pareille
circonſtance il eſt plus facile de
rendre ce que l'on ſent médiocre-
ment que ce que l'on ſent le mieux,
& d'ailleurs comment une plume
telle que la mienne auroit-elle dé-
veloppé avec toute l'énergie &

(*b*) La Catalepſie.

toute la force de la vérité toutes les fortes de mouvemens qui naiſſent de la marche rapide & violente d'une foule de paſſions dont la progreſſion dépendante & de l'ame & du corps ne peut jamais être exprimée par l'art qui la tranſporte hors du ſujet, comme elle l'eſt par la nature qui l'y grave ?

Il ne faut pas creuſer bien profondément pour rencontrer la ſource de toutes ces agitations. La tendreſſe ou plutôt l'intérêt dont le reſſort eſt plus actif & plus puiſſant encore dans le commun des hommes, détermine inconteſtablement les alarmes des peres ; & quant à l'éloignement & à l'horreur que les enfans témoignent pour un ſemblable ſervice, j'en entrevois une multitude de cauſes. Quelle idée ne

s'en forment-ils pas lorfqu'ils com-
parent le petit nombre de Miliciens
rendus à leurs Paroiffes, à celui des
Miliciens que la mort & la défertion leur enlevent ; lorfqu'ils ap-
prennent que le nouvel état qu'on
les force d'embraffer eft un état
d'humiliation par le mépris que les
troupes réglées y attachent ; lorfqu'ils favent que tirés de leurs bataillons pour être incorporés dans
ces mêmes troupes & pour paffer
fous un commandement pour ainfi
dire étranger , ils feront en bute
à des traitemens durs & cruels ;
lorfqu'enfin en envifageant l'efpece abjecte de la plupart des gens
qui ne payant rien à l'État font
encore exempts & difpenfés de
le fervir , & en fe confidérant
enfuite eux - mêmes , un retour

affligeant & le peu d'égards qu'on leur marque les perfuadent qu'ils font regardés comme le rebut & comme la partie la plus vile de la nation , dont ils font néanmoins la richeffe & la force. Croyez-vous, Monfieur, qu'une telle perf-pective , c'eft-à-dire , la honte, l'ignominie & une fervitude qui ne differe en rien de l'oppreffion, dans une Monarchie où l'honneur fuffiroit feul pour infpirer des actions que la vertu feule fembleroit avoir le droit de produire , puiffent porter à renoncer froidement à l'habitude contractée dès l'enfance d'un féjour qui attache & d'un travail pénible mais volontaire , & à faire fans trouble le facrifice de fes plus chers intérêts , ainfi que de fa liberté & de fa vie ?

Mais , me direz - vous , ne feroit-il pas poffible de trouver un tempérament qui concilieroit les divers befoins de l'Etat , foit en ce qui concerne fa défenfe & le maintien de la juftice & des loix , foit en ce qui regarde la culture des terres & la confervation des peuples néceffaires dans les campagnes ?

Un des moyens propofés à cet effet & qui femble le moins fufceptible d'inconvéniens (c) eft de permettre à chaque Paroiffe de choifir , d'acheter & de fournir le nombre d'hommes qui lui eft demandé , fauf à impofer la dépenfe au marc la livre de l'impofition fur la totalité des habitans.

(c) Confidérations fur les finances par Mr. de Fourbonnais , tom. 1. pag. 300.

Il n'eſt pas douteux qu'en aboliſ-
ſant ainſi l'uſage du ſort , & en
rejettant ſur chaque famille une
portion du prix des enrollemens
& de la gratification que l'on
pourroit accorder annuellement
aux enrollés pour les fixer dans
le village qui les auroit commis
& où ils jouiroient d'ailleurs de
quelques privileges , les levées ſe
feroient ſans bruit & ne répan-
droient pas partout l'épouvante ;
le pauvre & le riche étant également raſſurés , elles n'entraîne-
roient plus une affreuſe dépopulation. Le cultivateur médiocre
chériroit ſon travail dès qu'il ſeroit certain de n'être point trou-
blé par la crainte d'une perte irré-
parable ; le fermier opulent ne
chercheroit pas dans une autre,

profeſſion un abri contre des in-
quiétudes toujours nouvelles ; les
enfans conſtamment attachés à la
maiſon paternelle ſeroient ſans
ceſſe occupés à dédommager leurs
peres de ce qui leur en auroit
coûté pour les élever ; toutes dif-
cuſſions relatives aux exemptions
ceſſeroient ; les déſertions ſeroient
moins fréquentes , & un ſervice
qui n'auroit d'autre principe que
celui de la volonté ſeroit à tous
égards d'une reſſource bien ſupé-
rieure à celle qui réſulte d'un ſervice que la contrainte & la violence rendront toujours inſuppor-
table.

Tant d'avantages , Monſieur,
n'auroient pas été vraiſemblablement dédaignés par les Intendans
de Province auxquels le projet a

(140)

été communiqué, (*d*) s'ils n'avoient
pas prévu que l'exécution en feroit impraticable. Il leur fuffifoit
pour en être convaincus de réfléchir fur l'inefficacité de l'adoucif-
fement de la loi dans les Paroiffes où par une condefcendance
dont la confidération du bien public eft le motif, ils n'ont pas re-
fufé les originaires qui s'offroient
volontairement à fervir. La rareté
des hommes réfolus à fe donner
ainfi & en mettant leur liberté à
un prix même très-confidérable ,
a dû leur prouver que l'impreffion de l'appareil effrayant des
levées qui ont été faites , a laiffé
néceffairement dans l'ame du cultivateur des traces d'une terreur

(*c*) Du 1ᵉʳ Août 1728. Lettre circulaire
de Mr. d'Angervilliers.

que l'idée feule du mal paffé re-
nouvelle toujours, & que tout arrangement fondé fur l'efpérance
de captiver & d'enchaîner fans
effort la volonté d'une multitude
de fujets que le libertinage & tous
les excès ordinaires dans les villes
diftraient peu communément de
leur devoir, ne pourra jamais que
très-difficilement avoir lieu. Il me
paroît encore que celui dont il
s'agit exigeroit qu'on prefcrivit
un tems fixe & certain pour la levée & la fourniture de ces foldats
volontaires ; car fi à l'expiration
du délai, le défaut de ces mêmes
foldats obligeoit de nouveau à re-
courir au fort, quel préjudice ne
fouffriroit pas le fervice d'un retardement à la vérité plus ou moins
fâcheux felon que la néceffité fe-

roit plus ou moins extrême ou preffante, mais qui néanmoins pourroit
être très-fatal par le loifir & la
facilité qu'il donneroit aux garçons & aux habitans de chaque
village de fe difperfer & de fuir ?

C'eft au tems à nous mettre en
état d'apprécier les innovations
que l'on médite relativement au
corps de l'Infanterie, à nous éclairer fur le mérite de la formation
de ce corps en légions, (*e*) telles qu'elles furent inftituées par
François I. d'après l'ancienne Milice Romaine, & à nous inftruire
de l'utilité & des fuccès des recrues confiées aux foins d'un En-
trepreneur général. C'eft à l'expérience que nous devons nous

(*e*) Lettre d'un Major d'Infanterie à un
Intendant de Province.

en rapporter aussi sur la possibi-
lité des moyens de consacrer aux
travaux militaires & à la défense
de la Patrie les orphelins, les enfans abandonnés & ces victimes
innocentes & malheureuses dans
lesquelles une loi cruelle & un
préjugé barbare flétrissent au mépris du droit naturel ce qu'ils ne
désapprouvent seulement pas dans
les peres. Les grands changemens
principalement dans l'ordre politique doivent être préparés, &
les usages même pernicieux insensiblement affoiblis ; l'introduction
subite d'une nouvelle forme assor-
tie, si on le veut, au principe
constitutif, & la soudaine aboli-
tion d'une coutume blâmable ,
mais qui respectée par sa seule
ancienneté & fortifiée par une

longue approbation tient en quelque façon de l'inſtitution primitive, ſont en effet capables de cauſer
l'ébranlement de la maſſe totale,
ſur-tout lorſqu'il eſt queſtion de
toucher à une partie très-impor-
tante, & dans des Gouvernemens
qui par une ſorte de vice inhé-
rent à leur nature, peuvent n'avoir
été habitués à d'autre mouvement
qu'à celui que l'intérêt particulier
& des vues totalement ſéparées
de l'intérêt public leur impriment.
Auſſi voyons-nous, Monſieur,
que par une prudence qui eſt la
preuve la plus certaine des lumieres, le Miniſtre éclairé qui pro-
jette ne hâte rien. Il entreprend,
mais ſon opération eſt lente; il véri-
fie; il examine; il peſe; il ſemble
ne vouloir agir que conformément

aux

aux fages conftitutions d'Athenes & de Rome , où les arrêts du Sénat n'avoient force de loi que pendant l'année employée à en reconnoî- tre la juftice , & où cette même loi ainfi éprouvée étoit abrogée ou maintenue par la volonté du peuple. Il cherche habilement en- fin , toute impuiffante que foit la voix de la multitude lorfque l'auto- rité fouveraine parle & prononce, à preffentir , pour ainfi dire, la nation & à juger par des effais du plus ou moins de facilité & d'in- convéniens que comporte l'exécu- tion de fon plan , foit pour évi- ter de frapper un coup inutile , foit pour nous épargner la trop forte fecouffe d'un coup imprévu.

En attendant que des fuccès juftement mérités couronnent une

K

entreprife digne de lui ; qu'il me
foit permis , Monfieur , de vous
propofer quelques réflexions & de
vous entretenir d'un moyen très-
fimple de procurer dans le cas de
quelques nouvelles levées , un
prompt foulagement à ces hommes précieux dont j'ai cru devoir
embraffer la défenfe.

La puiffance d'un Etat quelcon-
que n'eft pas feulement en raifon
de la quantité des hommes qu'il
poffede, mais en raifon de la diftribution & de l'emploi qu'il en fait.
La plus nombreufe population dif-
perfée au hafard fur une furface plus
ou moins vafte tendra toujours à
une fermentation tumultueufe &
deftructive : fi au contraire on la
raffemble pour en former différentes claffes ; fi les répartitions font

proportionnées au travail que l'on eſt en droit d'attendre de chacune d'elles , elles conſpireront , elles coopéreront les unes & les autres au bien général & commun , & le mouvement inteſtin & non déſordonné des parties aſſurera la ſolidité du tout.

L'économie des peuples eſt donc une des regles fondamentales de toute ſociété politique. Elle ne permet pas , ſous le prétexte de maintenir l'honneur & les droits ſacrés d'une Religion ſainte , donnée à l'homme à titre de lien de paix & de charité , & malheureuſement convertie en faction & en parti par la chaleur & l'opiniâtreté que ſuggerent l'intérêt & le faux zele , elle ne permet pas , dis-je , qu'une multitude de ſujets de tout

sexe (*f*) renoncent à toute propagation par l'émiffion d'un vœu
folemnel & indiffoluble, & qu'ils
fe difpenfent de tout fervice & de
toutes charges publiques en abdi-

(*f*) Le Chevalier John Nickolls fait par un calcul modéré, dit-il, monter à 500000 le nombre des Prêtres, Clercs & Religieux des deux fexes en France. L'Auteur de l'ouvrage qui a pour titre le *Réformateur*, dans fa fortie tant contre le Clergé hiérarchique que contre les Moines, paroît être de ce fentiment. Il n'eft perfonne qui ne foit frappé de l'exagéra-tion & de l'erreur qu'on peut leur reprocher à l'un & à l'autre, & je crois en avoir décou-vert la fource.

Il eft comme certain en général que le Clergé féculier & régulier des Villes confidérables forment environ la quarantieme partie des ha-bitans qui les compofent. Or vraifemblable-ment Nickolls & le Réformateur (fi celui-ci n'a pas écrit fur la foi de l'affertion du pre-mier) font partis de cette regle, fans obfer-ver qu'elle ne pouvoit être applicable ni à la plupart des petites Villes, ni aux Bourgs, ni aux Villages où très-rarement trouve-t-on plus

quant le fiecle en apparence, &
en y demeurant réellement attachés (*g*) par des biens immenfes

d'un ou de deux Prêtres ; & comme ils ont
adopté le dénombrement de Mr de Vauban
qui porte à vingt millions d'ames la population
du Royaume, ils fe font cru autorifés d'après
le quarantieme, nombre qui leur a été en quelque façon affigné par les grandes Villes, à prendre le quarantieme de la Nation pour fixer la
totalité des Eccléfiaftiques & de toutes les perfonnes engagées dans la vie religieufe. J'ofe
croire que quiconque réduiroit à la moitié la
fomme des féculiers & de tous les fujets mâles & femelles renfermés dans les Cloîtres
donneroit encore dans l'excès. Il n'en feroit
cependant pas moins à fouhaiter qu'on imitât
cet Empereur de la famille des Tang, qui, fuivant le Jéfuite du Halde, Hift. de la Chi. t. 2.
p. 497, tenoit pour maxime que s'il y avoit
un homme qui ne labourât point, ou une femme
qui ne s'occupât point, quelqu'un fouffroit ou le
froid ou la faim dans l'Empire, & qui fur ce
principe fit détruire une infinité de Monafte-
res de Bonzes.

(*g*) Les commencemens de la plupart des
Ordres Religieux paroiffent communément

que la cupidité d'une part & de
l'autre l'ignorance & la fuperftition

avoir été préparés & marqués par quelques
merveilles. Telle eft celle de l'apparition d'un
Ange entre un Efclave Ch. étien & un Maure, à
la premiere Meffe de St. Jean de Matha, premier
Patriarche de l'inftitut des Trinitaires ; tel eft
auffi le prodige dont les Chartreux confervent
précieufement la tradition. Ce prodige eft ,
ainfi que peu de perfonnes l'ignorent, la réfur-
rection d'un homme connu feulement à la vérité depuis cent années par le nom de *Raimond
Diocre*, qui, au moment où l'on chantoit l'Office des Morts pour le repos de fon ame, mit
la tête hors de fa biere & s'étant écrié au premier nocturne *qu'il étoit accufé*, au fecond
qu'il étoit jugé, & au troifieme *qu'il étoit condamné*, fut enlevé fur le champ par un fpectre.
Quelques uns ont attribué la retraite du Cha-
noine de Cologne Fondateur de l'Ordre dont
il s'agit à l'effet que produifit fur lui la vue de
cet événement miraculeux & d'autant plus
furprenant que le prétendu damné étoit mort
en odeur de fainteté. D'autres plus éclairés &
par conféquent moins crédules, n'ont regardé
ce fait que comme une fable & comme un
conte abfurde & ridicule. Mais foit que quel-

ont arrachés & féparés du commerce. Elle ne fouffre point fans

ques vifions moins rares dans le douzieme fiecle que dans celui-ci ; foit qu'une fainte horreur pour les déréglemens & les defordres de
l'Archevêque Manaffés aient infpiré à S. Bruno
le defir de fuir dans des lieux déferts pour y
faire pénitence ; il eft conftant qu'il eut recours
pour le choix de fa folitude à St. Hugues Evêque de Grenoble , & que cet Evêque l'envoya
fur les montagnes efcarpées de *Chartreufe* ,
ainfi appellées du nom d'un petit Village , nom
qui a donné pareillement lieu à celui de l'Ordre entier.

Lorfque l'on confidere la miférable cabane
dans laquelle le St. Inftituteur vivoit du travail de fes mains , & lorfque l'on réfléchit enfuite , je ne dis pas fur les richeffes énormes
& fur l'étonnante rapidité des progrès de fes
Difciples dans tous les pays catholiques , mais
fur l'étendue des poffeffions qui avoifinent aujourd'hui cet antre fauvage ; on ne fauroit concevoir comment de fi foibles prémices ont eu
de fi grandes fuites , & par quelle voie des
hommes qui fembloient n'afpirer qu'à celle qui
mene à la perfection font parvenus à un degré
de puiffance infiniment fupérieur à celui des

en être bleſſée un monde de mercénaires, encore plus nombreux.

Seigneurs qui oſerent autrefois faire la guerre
aux Dauphins. On peut en effet compter ſur
neuf lieues de circuit, depuis les Echelles juſques au Fort Barreau, quatorze Bourgs ou
Villages où ces humbles Solitaires ont le droit
de prendre les titres de Comtes, de Marquis
& de Barons, ſans parler des Domaines qu'ils
ont à Maylan, à Alvares & ailleurs. Il n'eſt pas
poſſible d'apprécier au juſte le revenu des biens
qu'ils poſſedent ; cependant le nombre des domeſtiques employés à la culture de leurs terres
autoriſe à penſer d'après le rapport de pluſieurs
de leurs Châtelains & de leurs Agens, que
cette capitale d'un Ordre partout opulent &
partout répandu, jouit au moins de deux cens
mille livres de rente en vin, grains, bois, pâ-
turages, bétail, c'eſt-à-dire, en marchandiſes
de premiere néceſſité & dès-lors toujours très-
précieuſes. Rien n'égale au ſurplus ni l'attention
de ces Moines à faire de tous leurs vaſſaux &
de tous les habitans de leurs Seigneuries autant
de débiteurs envers eux, ſoit en argent, ſoit en
denrées ; ni le ſoin qu'ils ont de tirer de leurs
propres fonds les matieres premieres, telles
que la laine & le chanvre qui ſont mis en
œuvre dans leurs Manufactures de draps, de
toiles, de chapeaux &c ; ni leur ſagacité dans
l'exploitation de leurs mines ; ni leur intel-
ligence dans la fabrication du fer dont ils

que le corps déja trop confidérable de la Magiftrature dont ils

font un commerce confidérable ; ni leur application à faire ufage des facilités que leur procu-
rent l'Ifere & le Rhône pour le tranfport d'une
grande quantité de bois qu'ils vendent à la Ma-
rine & qu'ils envoient d'ailleurs dans la Pro-
vence & dans le Languedoc ; ni l'induftrieufe
précaution avec laquelle ils recelent dans des
momens de fertilité & d'abondance & les denrées qu'ils ne confomment pas & celles qu'ils
achetent à vil prix, en fe propofant de fe dé-
faire des unes & des autres dans des tems où
la rareté & la difette leur affureront un béné-
fice de cent pour cent. Leur adminiftration ,
en un mot, eft à tous égards le chef-d'œuvre
de l'œconomie , & ce modele d'un gouvernement plus éclairé qu'aucun autre fur les moyens
de faire conftamment pancher la balance de
fon côté , offriroit plus de lumieres & plus de
reffources à quiconque l'envifageroit attenti-
vement que tous les préceptes écrits dans nos
livres modernes relativement à la néceffité &
à l'avantage d'être dans la plus grande indépendance des autres pour tous fes befoins & de ne
communiquer avec eux que pour attirer à foi
en échange de fon fuperflu une valeur invaria-
ble & réelle.

Cette Maifon eft ordinairement compofée

font les fuppôts , toujours intéref-
fés à mettre un prix exorbitant à

de foixante Religieux Prêtres, ou deftinés à
la Prêtrife , & de trente Freres lais chargés
du fervice de l'intérieur.

Cinquante Oblats qui ne font à proprement
parler que des maîtres ouvriers placés à la tête
de chaque attelier & de chaque fabrique, com-
mandent en outre à environ trois cens hommes de toutes profeffions & de tous métiers,
vivans & travaillans dans l'enclos qui eft affez
étendu , puifque les portes font à environ une
lieue de diftance du Monaftere.

Enfin indépendamment du peuple contenu
dans cette enceinte dont on ne peut tenter de
s'échapper , quand les barrieres en font fermées,
que par deux gorges inacceffibles , deux cens
maîtres valets auxquels malgré le grand éloignement, on envoie chaque femaine & directement du chef lieu le pain & le vin néceffaires à leur fubfiftance , font occupés au-dehors
à l'exploitation des Domaines. Un air robufte
& fatisfait, une face & une corpulence qui fem-
blent infulter à la mifere publique, les diftin-
guent des autres cultivateurs que le poids des
impôts accable , & qui d'ailleurs eu égard à
la conftruction des chemins fe voient très-in-
juftement tenus des corvées & des travaux auxquels ces deux cens valets fe refufent.

Ces mêmes valets font libres de fe marier. Il

la justice, & par qui le bon droit gémit le plus souvent sous un amas

n'en est pas de même des cinquante oblats & des trois cens ouvriers, à moins qu'ils ne renoncent pour jamais au genre de vie qu'ils ont embrassé ; mais l'avantage d'être exempts de la Milice, des corvées & de tous subsides est le lien qui les attache. J'ajoûterai que la considération de ces exemptions déterminant une foule de particuliers écrasés par des taxes excessives qu'il leur est impossible de payer & par des exécutions rigoureuses qui suivent cette impuissance, à solliciter avec ardeur la grace de se consacrer au service de cette Maison, ces Moines ne font jamais embarrassés ni sur le nombre, ni sur le choix des hommes dont ils ont besoin & auxquels ils n'accordent néanmoins d'autre rétribution & d'autre salaire de leurs peines que le vétement & la nourriture.

Une seule Communauté contenant quatre-vingt-dix Religieux renferme donc réellement & en effet quatre cens quarante célibataires. De ces quatre cens quarante célibataires, trois cens cinquante au moins font pris & choisis parmi les hommes les plus robustes & les mieux faits, & ces trois cens cinquante personnes manquant à la société, à la culture & à leurs Paroisses, augmentent encore par leurs désertions le fardeau des charges imposées à chaque Particulier ; d'où l'on doit conclure, malgré

monstreux de formalités embarras-
santes & rigoureuses. Elle proscrit
cette foule étonnante de nouveaux
nobles & de privilégiés autorisés à
participer aux droits légitimes de
la portion la plus illustre de la Monarchie , conséquemment à des
biens amassés par toutes sortes de
voies ; car dans un Gouvernement où tout est vénal, les vices
sont, pour ainsi dire de principe,
& l'avarice , l'usure & la mau-

l'observation que nous avons faite dans la note
précédente , que les établissemens monastiques
sont un gouffre & un abyme dans lequel une
portion de la Nation bien plus considérable que
l'on ne croit va se perdre sans cesse & sans retour, & que les Solitaires même qu'on n'accu-
sera pas de nuire à la Religion par un abus trop
ordinaire des choses saintes & par le travestis-
sement & l'altération de ses Dogmes & de
sa Morale , ni au monde par les efforts d'une
intrigue qui attente à toute autorité , sont en
les considérant du côté de la politique toujours
très-préjudiciables à l'Etat.

vaife foi font autant de degrés
pour s'élever. Elle rejette loin
d'elle cette troupe prodigieufe de
publicains, de prépofés, de commis, de gardes, d'exacteurs qui
dévorent & le Souverain & le
peuple & qui rendent la percep-
tion des impôts, multipliés pour le
malheur du Prince & des fujets
fous une infinité de noms & de
formes, plus onéreufe que les impôts mêmes. Elle ne tolere enfin ni
une induftrie qui fe borne à s'apli-
quer les richeffes acquifes fans en
produire de nouvelles, ni une oifiveté follicitée & entretenue par le
luxe des riches plutôt que par leurs
befoins ; en un mot, elle n'admet
réellement que deux Ordres d'hommes, les uns néceffaires qui fourniffent à la fubfiftance de l'État

par leurs travaux , les autres utiles qui la tiennent & qui la reçoi-
vent de lui pour leurs services ; &
s'il en est auxquels on ne peut refuser des secours gratuits , ceux en
qui la nature est pour ainsi parler
en défaut , qui par la foiblesse de
leur âge , ou par leurs infirmités
ou par l'affaissement qui accom-
pagnent la vieillesse , se trouvent
dans l'incapacité totale d'exister
par eux-mêmes , sont , selon elle ,
les seuls qui peuvent légitimement
y prétendre.

De cette division primitive &
générale dérivent toutes les lumieres qui conduisent à une juste apré-
ciation des personnes & des choses. Il est des travaux absolument
indispensables ; il en est de purement avantageux. Parmi les pre-

miers on en obferve d'une néceffité plus ou moins preffante ;
plufieurs parmi les feconds font
auffi d'une utilité plus ou moins
fenfible ; les uns & les autres ont
encore chacun dans leur genre
plus ou moins d'étendue ; or c'eft
fur cette étendue & fur ces degrés divers de néceffité & d'utilité
qu'il faut déterminer & mefurer
la diftribution des hommes, & la
protection qui leur eft due dans
les différentes profeffions qu'ils
exercent. Le défaut de cette proportion relative dans un état en
épuife tous les refforts. L'agriculture facrifiée au commerce, la
fource premiere des véritables richeffes eft tarie & dès lors le commerce languit ou tombe faute
d'objets ; puifque l'induftrie ne

sauroit donner une forme & une valeur à des productions qui n'exis- tent pas. Des emplois d'une utilité plus ou moins éloignée préférés à des métiers pénibles & d'une né- cessité plus ou moins absolue , & ces mêmes métiers dédaignés en- core pour des arts de pur agré- ment ou qui ne sollicitent qu'une consommation ruineuse , la Société se voit réduite à la vaine posses- sion de beaucoup de biens fictifs qui ne peuvent fournir qu'à des desirs accidentels ou de fantaisie , ou à des besoins d'opinion , tandis que dépourvue des biens essentiels & solides qui importoient à ses besoins réels , elle ne jouit sous le masque de l'opulence que d'une force mal assurée & que d'une puissance précaire qui ne tien-

dront

dront ni contre le tems ni contre les plus légeres révolutions. Le mépris des vertus, l'oubli des talens, les honneurs, les dignités, l'eftime & la confidération générale accordés aux feules richeffes ; la facilité de fe fouftraire aux contributions communes au moyen de privileges & d'exemptions conférés à certaines claffes & qui chargent celles qui mériteroient le plus de ménagemens & d'égards ; voilà, Monfieur, des caufes vraiment deftructives & qui s'oppoferont toujours au bon ufage de la population. Elles meuvent en effet par une impulfion funefte à laquelle nul ne réfifte, fi ce n'eft un très-petit nombre de fages que la fortune ne fauroit éblouir & que la perfécution ne

L

peut ébranler , elles meuvent ,
dis-je , tous les sujets ; elles les
transportent hors de leurs places ,
& les entraînant forcément du
point où ils sont vers celui d'un
intérêt personnel qui isole totalement chaque particulier , elles
suscitent tous les maux qui résul-
tent de l'indifférence des citoyens
pour la Patrie affoiblie tôt ou tard
par l'extrême pouvoir des uns &
en même tems par la misere &
par l'oisiveté des autres.

J'ignore quelle est la portion
d'hommes à consacrer à la culture , mais je vois une immensité
de terres en friche , & d'un autre côté une infinité de terres cul-
tivées qui ne rendent pas à beaucoup près ce qu'elles donneroient
si l'on ne négligeoit aucun des

moyens de les mettre en valeur.
Cependant je remarque dans les
fils du cultivateur le plus grand
éloignement pour les travaux auxquels ils étoient appellés, & dans
la plupart la plus forte tendance
vers des professions méprisables,
oiseuses & superflues. C'est préci-
sément, me dit-on, à ce grand
éloignement que doit se rapporter
la stérilité de nos champs. A mesure que les enfans parviennent
à cet âge où le corps peut suppor-
ter la peine & où il se fortifie
même par un exercice dur, ils
s'expatrient & fuient la maison
paternelle, comme s'ils s'arra-
choient d'un séjour qui leur est
odieux. Les uns vont chercher à
subsister par adresse & par indus-
trie, les autres se livrer au tra-

vail des Manufactures & satis-
faire par un apprentissage long &
coûteux à une loi qui met des en-
traves au commerce & qui en-
chaîne la liberté & les talens.
Les plus aisés ou les moins pauvres renonçant aux premiers fon-
demens jettés dans des tems de
prospérité & de calme par des
peres laborieux, se destinent au
soin des ames & n'apportent le
plus souvent dans le Ministere
saint qui leur est confié qu'un esprit grossier & des lumieres très-
foibles ; ou s'ils sont revêtus de
quelques petites charges acquises à
prix d'argent, ils se dédommagent
amplement par des concussions de
la somme payée & qui leur a tenu
lieu du mérite qui auroit dû les
élever. Plusieurs embrassent à la

(165)

vérité la défenſe de l'État ; mais il en eſt une grande partie qui groſſit les troupes que le Financier avide entretient aux dépens du peuple & en armant le citoyen contre le citoyen, tandis que le plus grand nombre ſe déterminant pour la plus vile des conditions, ſe bornent à ramper toute leur vie dans les différens grades que comporte la domeſticité. Malheureuſement encore l'exceſſive vanité qui préſente un aſyle à ceux-ci ſeroit peu flattée ſi elle n'avoit une ſuite & un cortege compoſé des hommes les plus beaux & les mieux faits, enforte que nous ne pouvons attendre ce qui nous reſte de reſſources & d'eſpérances que de quelques efforts d'une très - médiocre quantité de gens dont la pauvreté a sappé & ruiné l'individu avant le tems , ou qu'une taille moins avantageuse , une complexion naturellement peu robuste & un extérieur peu séduisant nous ont en quelque façon conservé , jusques au moment où de nouvelles levées de Milices nous les enleveront ou les forceront à déserter à l'imitation des autres.

Je conçois aisément tous les effets pernicieux qui doivent résulter d'un tel déplacement. 1°. Outre les prodiges de misere qu'il offre dans les campagnes , il influe nécessairement sur les mœurs ; car en ouvrant à des hommes en qui l'éducation ne rectifie ni les dispositions ni le penchant une voie qui les conduit hors de leur sphere , il est rare que par une propension & par une

pente naturelle au mal que des oc-
casions multipliées fortifieront dans
les uns & que l'oisiveté entretien-
dra & fomentera dans les autres,
ils ne donnent dans des excès très-
nuisibles & d'autant plus dangereux, que le vice s'autorise toujours
par l'exemple. 2°. Cette grande
affluence de sujets attachés dans
les grandes Villes à des fabriques
de toute espece préjudicie non seulement à la culture, mais au commerce même qu'elle ne soutient
qu'en apparence , parce qu'elle
ne peut qu'occasionner la cherté
des vivres , & par conséquent
celle de la main d'œuvre dont
le prix est constamment réglé sur
celui des choses nécessaires à la
vie. 3°. Le travail des terres étant
absolument réservé à des hommes

foibles, les productions qu'on en retire suffisent à peine à acquitter des impôts prélevés toujours arbitrairement & sans égard au nécessaire physique de ceux à qui ces mêmes productions sont dûes. 4°. Enfin la Milice n'étant formée & complétée que de cette espece d'hommes, la consommation en est extrême & l'obligation de recruter sans cesse accroît de plus en plus la dépopulation, qui quelqu'affreuse & quelque réelle qu'elle soit est toujours un moindre mal pour l'État que le mauvais emploi d'un nombre infini de sujets dont l'inutile existence ne peut que lui être infiniment à charge.

Si vous n'êtes étonné, Monsieur, ni de l'horreur dont les ha-

bitans de la campagne font pénétrés pour un fervice qui tombe
prefqu'entiérement fur eux, ni de
leur empreffement à s'y fouftraire
par une fuite foudaine ou prématurée, vous le ferez fans doute
à préfent de l'aveugle perfévé-
rance avec laquelle on leur fournit les moyens de s'y refufer ;
moyens dont une longue & mal-
heureufe expérience a vainement
démontré l'abus & le danger,
moyens qui bien loin de fe concilier avec les principes d'une fage
économie en font le renverfe-
ment, moyens, en un mot, qui
impliquent, puifqu'en même tems
qu'ils ruinent la claffe dans laquelle on devroit s'efforcer d'é-
tendre les progrès de la population & du travail, ils éloignent

formellement de celle qu'il s'agi-
roit de remplir les citoyens qui y
feroient le plus propres.

Que fignifie l'exemption qui eft
accordée privativement (*h*) à tel-

(*h*) Voici un état des perfonnes exemptes
de la Milice conformément à différens ordres
& à différentes lettres des Miniftres, car je
ne connois fur cette matiere aucune loi pofi-
tive & émanée directement du Prince.

Tous les Nobles & Propriétaires des fiefs
vivans noblement, ainfi que leurs enfans.

Tous les enfans des Officiers, Gardes du
Corps, Gendarmes, Chevaux-légers & Mouf-
quetaires ayant fervi pendant dix années, retirés fans penfion ou morts au fervice, pourvu
qu'ils ne faffent point un commerce qui les y
affujettiffe.

Tous les Officiers des Cours, Bureaux des
Finances, Préfidiaux, Sénéchauffées, Baillia-
ges, Vigueries & autres Jurifdictions royales ;
les Avocats, les Procureurs, les Greffiers &
les Huiffiers de ces Tribunaux, & enfemble
tous leurs enfans.

Les Notaires pourvus par le Roi ; les Juges
des Seigneurs, leurs Lieutenans & Procureurs
fifcaux, pourvu qu'ils foient gradués, & les

les conditions , à tels emplois , à telles professions ? On ne peut y

enfans de ces mêmes Notaires & de ces mêmes Juges.

Lesdits Juges , Lieutenans & Procureurs fiscaux non gradués , mais âgés de plus de 25 ans & étant depuis plus d'une année en exercice.

Les Notaires des Seigneurs.

Les Receveurs & Controlleurs généraux des finances, domaines & bois ; les Receveurs des gabelles ; les Receveurs des tailles ; les Receveurs & Payeurs des gages des Cours & Justices ; les Directeurs, Controlleurs & Receveurs des fermes & deniers du Roi & tous autres Officiers de finance pourvus par Sa Majesté ainsi que tous leurs enfans.

Les Préposés à la levée du vingtieme & l'aîné de leurs fils , ainsi qu'il est porté par un arrêt du Conseil du 7 Novembre 1741.

Les Docteurs en Médecine , leurs fils ; les maîtres Apothicaires & Chirurgiens dans les Villes principales, leurs enfans s'ils étudient, ou s'ils professent quelqu'art libéral, leur premier garçon.

Les maîtres Apothicaires & Chirurgiens dans les bourgs & villages.

Les Étudians en Médecine & en Droit & les Ecoliers des Colleges.

voir, ce me femble, qu'une invita-
tion preffante de fuir & d'abdiquer

Les Commis buraliftes & autres Employés
dans les fermes & affaires du Roi.

Les Regratiers & les Débitans de tabac.

Les Directeurs des bureaux des poftes dans
les Villes principales & leurs enfans.

Les Commis & Prépofés dans les autre
lieux pour la diftribution des lettres.

Les Maîtres de pofte, leurs enfans, leur
poftillons dont le nombre eft compté en raifon de chaque attelage de quatre chevaux,
ainfi que les garçons qui remplacent lefdits
poftillons, pourvu qu'ils demeurent attachés
au moins une année au fervice de la pofte.

Les Confuls qui n'ont point achevé leur re-
couvrement, & ce pour un tems feulement.

Les enfans nommés Confuls conjointement
avec leurs peres, fi les peres font incapables
de faire la levée des impofitions.

Les Salpêtriers, leurs enfans qui ne font aucun métier ou aucun commerce qui les rende
fujets à tirer, & leurs ouvriers, s'ils ont travaillé chez eux ou dans d'autres falpêtrieres
depuis un an.

Les Fermiers des Commanderies de l'Ordre
de Malthe, leurs enfans & les valets entrés à
leur fervice trois mois avant la levée de la
Milice ordonnée.

celles qui ne font point comprifes
dans l'exception & auxquelles le

Les Ouvriers de toute efpece reçus & tra-
vaillant dans les Monnoies , & les enfans de
ces mêmes Ouvriers.

Les Changeurs pourvus de commiffion du
Roi ou des Cours des Monnoies.

Les Bourgeois , gros Marchands & Négo-
cians des Villes où il y a Juftice royale , ainfi
que leurs enfans.

Les Marchands & Artifans non mariés établis dans les Villes , s'ils payent 40 liv. du gros
de la taille , ou dans les Villes tarifées 20 liv.
de capitation.

Les Chevaliers des compagnies des jeux
d'Arquebufe & d'Arbalête établis dans les Villes , exemption dont ils ne jouiffent point dans
la Généralité de Paris.

Les Suiffes jouiffant des privileges de leur
nation & leurs enfans.

Les Gardes-chaffes aux gages & portant la
bandouliere des Seigneurs & qui auront prêté
ferment dans les Maîtrifes des Eaux & Forêts
avant l'Ordonnance du Roi pour la levée de
la Milice.

Tous les enfans d'un même pere lorfque le
fort eft tombé fur l'un d'eux , celui-là feul devant marcher.

Les Garçons que des infirmités rendent in-

privilege n'eſt point déféré ; or ſi celles - ci ſont des profeſſions de

capables de ſervice , ſelon le rapport qui en ſera fait par des Chirurgiens.

Ceux dont la taille eſt au-deſſous de cinq pieds.

Tous les Miliciens qui ont ſervi pendant ſix années , ou qui ont eu leur congé.

Tous les Garçons tombés au ſort lors des précédentes levées & qui ont été libérés par la repréſentation d'un Milicien volontaire le-quel ſert actuellement dans le bataillon.

Les Garçons ayant un frere actuellement Milicien , pourvu que ce frere ait été déclaré Milicien par le ſort & qu'il ne ſe ſoit pas en-gagé volontairement à ſervir.

Les Soldats des troupes réglées qui ſe ſont retirés avec des congés abſolus ; ce privilege leur eſt dénié dans pluſieurs Généralités , & notamment dans celle de Paris , ſur le fonde-ment du ſervice forcé dont un ſervice fait volontairement ne peut diſpenſer.

Les Gardes-étalons & celui de leurs enfans ou le valet auquel le ſoin de l'étalon eſt confié , pourvu que ce valet ſoit entré à leur ſervice avant la publication de l'Ordonnance qui indi-que la levée de la Milice.

Les Syndics des chemins.

Le principal valet des Curés qui ſont dans l'uſage d'en avoir.

premiere néceffité & les autres des profeffions la plupart abjectes, fté-

Le principal valet de chaque Maifon Religieufe.

Le fils unique d'une veuve cottifée au moins à foixante livres de principal de taille, s'il eft feul à foutenir fa boutique ou en état de faire valoir fon bien. Si cette veuve a d'autres enfans dont le puîné ait quinze ans & foit de la même profeffion, l'aîné doit tirer au fort.

Les fils uniques ou l'aîné des enfans des Laboureurs feptuagénaires poffédant des biens confidérables & cottifés à foixante livres de principal de taille, pourvu qu'ils habitent avec leurs peres & qu'ils leur foient abfolument néceffaires pour l'exploitation de leurs biens.

Le principal Fermier ou le principal Métayer des biens faifant corps des domaines, & le fils unique de ce Fermier ou de ce Métayer, fi fon âge & fes infirmités le mettent abfolument hors d'état de les faire valoir.

Le principal ou le maître valet des biens faifant corps de domaine que le Propriétaire fera valoir à fa main.

Les Jardiniers des Maifons & Communautés Religieufes, logés, nourris & gagés pour toute l'année dans ladite Maifon ou Couvent.

Les Jardiniers de la Nobleffe & des Officiers de Juftice royale, aux gages de leurs maitres, logés dans leurs maifons, & uniquement occupés aux travaux des jardins.

riles & frivoles qui n'exigent ni
fortune ni talens, ou qui confiſtent

Les Jardiniers, les Concierges des maiſons
de plaiſance qui ſont d'un entretien conſidé-
rable.

Les Maîtres d'Ecole approuvés par l'Evêque Diocéſain.

Le maître Charretier d'un Gentilhomme qui
fait valoir ſa ferme.

Les Acquereurs des Offices municipaux créés
par Édit du mois de Novembre 1733. ainſi que
leurs enfans, ſi néanmoins la finance de leur
Office a été portée à une ſomme de cinq cens
livres.

Les Acquereurs en particulier des Offices
d'Inſpeĉteurs & de Controlleurs des Maîtres
& Gardes dans les corps des Marchands, &
les Acquereurs des Offices d'Inſpeĉteurs &
Controlleurs des Jurés dans les Communautés d'Arts & Métiers créés par Édit du mois
de Février 1745, dont la finance de l'Office
ſera de 300 livres & au-deſſus, ou qui auront payé cette ſomme ; ainſi que l'aîné de
leurs enfans.

Les Gardes & Jurés des Communautés des
Marchands & Artiſans qui ſe ſont préſentés
pour réunir les Offices d'Inſpeĉteurs & Controlleurs créés par Édit du mois de Février,
1751. dont la finance ſe trouve de même de
300 liv. & au-deſſus, & l'aîné de leurs en-

en

en une fervitude volontaire, quelle
inftitution plus vicieufe que celle
qui dirigeant la totalité du poids
& du fardeau fur les fujets utiles,
les invite ou plutôt les force à renoncer à l'être ? Pourquoi faut-il
encore que ce fardeau déjà lourd
& pefant par lui-même devienne
toujours plus infupportable & plus
accablant en raifon du petit nombre de ceux fur lefquels il eft re-
jetté ? Fixez, Monfieur, quoique
je fois fort éloigné de croire que
le dénombrement fait par M. de
Vauban foit applicable à la popu-

fans pendant l'année de la jurande ; cette exemption n'étant au furplus accordée qu'à un nombre defdits Gardes & Jurés égal à celui des
Offices réunis.

Enfin tous les Domeftiques portant la livrée
ou autres Domeftiques ordinaires fervant dans
les maifons , *& non les Valets employés à la culture des terres ou à faire valoir des biens.* •

M

lation actuelle ; fixez, dis-je, la population du Royaume à vingt millions d'ames ; (*i*) retranchez-en les femmes, (*k*) les enfans

(*i*) Puffendorff (*Hiſtoire de l'Univers, chapitre IX. de la France*) prétend que ſous Charles IX. il y avoit ce même nombre d'ames en France.

(*k*) **A** juger par différentes rélations de la proportion dans laquelle les hommes & les femmes naiſſent, il paroît qu'elle dépend eſſentiellement du climat. Si l'on en croit le recueil des voyages qui ont ſervi à l'établiſſement de la Compagnie des Indes, *t. 1. pag. 347 & 348 ;* à Bantham, où l'on ſe hâte de marier les filles dès qu'elles ont atteint l'âge de treize ou quatorze ans pour éviter qu'elles menent une vie débordée, il naît dix filles pour un garçon. Cette diſproportion eſt ſans doute exceſſive, ſur-tout en comparaiſon du dénombrement de Meaco rapporté par Kempfer dans lequel on compte cent quatre-vingt-deux mille ſoixante-douze mâles & deux cens vingt-trois mille cinq cens quarante-trois femelles, ce qui eſt à peu près comme de 9 à 11. Quoi qu'il en ſoit, le climat d'Europe ne fournit point une différence auſſi énorme. Arbuthnot prétend qu'en Angleterre le nombre des garçons excede celui des

au-deſſous de 16 ans & les hommes
au-deſſus de quarante , les gens ma-

filles; mais Graunt que j'ai déjà cité nous explique
en quoi conſiſte cet excès en nous diſant qu'il naît
à Londres treize filles pour quatorze garçons &
dans les campagnes quinze garçons pour quatorze
filles ; il obſerve en même tems & avec raiſon
qu'il meurt plus d'hommes que de femmes par
l'intempérance des premiers & par les guerres.

Guillaume Kerſeboom (*verhandeling tot een
proeve , om te weeten de probable menigte des
volks , in de provintie van Holland en Weſtfrie-
ſland &c. Traité ſervant d'eſſai pour prouver le
nombre probable des habitans de la Province
de Hollande & de Weſtfriſe &c.*) qui a été fortement contredit par MM. Melliand & Sim-
pſon ſur la proportion des ames vivantes au
nombre de celles qui naiſſent annuellement , laquelle il a jugé être comme 35 à 1 dans les villes
d'Amſterdam , Harlem , la Haye , Delft , Lei-
den , Rotterdam , Gorcum , Dordrecht &c. ſou-
tient dans ſes remarques ſur le ſexe des enfans qui
naiſſent , qu'en ſuppoſant 14000 enfans nés , dont
7200 garçons contre 6800 filles , ce qui eſt
comme 18 à 17 , on ne verra pas onze fois
dans le cours de quatre-vingt-deux ans le nombre de l'un ſurpaſſer de 163 celui de l'autre. Il
ajoute enſuite que ſur un nombre égal d'hommes & de femmes , ces dernieres vivant trois ou
quatre ans plus que les premiers , l'excédent ou la

riés , le Clergé , la Magiſtrature , la Nobleſſe , les troupes de terre & de

différence de la naiſſance des garçons & de celle des filles ſe trouve compenſée. M. de Parcieux , (*Eſſai ſur les probabilités de la durée de la vie humaine*) fait mention d'un état des morts & des baptêmes dans la Paroiſſe de St. Sulpice de Paris par lequel on voit que pendant l'eſpace de trente années , on a baptiſé dans cette Paroiſſe 69600 enfans dont 35531 garçons & 34069 filles ; ce qui eſt à très-peu de choſe près comme 24 eſt à 23. J'ai trouvé ce même rapport dans diverſes Provinces & dans diverſes Paroiſſes ; ainſi il n'eſt pas difficile de déterminer le nombre des femelles en France comparativement à celui des mâles. M. de Buffon n'a pas ſans doute ajouté foi à ce qui eſt écrit ſur la population de l'Aſie & n'a vraiſemblablement conſidéré que celle de la partie du monde qu'il habite , lorſqu'il a dit *qu'un homme ne doit avoir qu'une femme comme une femme ne doit avoir qu'un ſeul homme* , parce que *cette loi eſt celle de la nature* , *puiſque le nombre des mâles eſt à peu près égal à celui des femelles.* Si cependant les différences obſervées à Bantham & à Meaco étoient réelles , M. de Buffon auroit eu tort de généraliſer une loi particuliere & ſinguliérement relative à tel climat , & peut-être à telles autres cauſes &c. Eh pourquoi la donner pour une loi univerſelle & inva-

mer, les matelots, les gens infirmes & eſtropiés, ceux qui ſont âgés

riable ? Si, comme l'ont avancé Hippocrate &
M. de Buffon lui-même, il eſt vrai que lorſque la ſemence, ou pour parler le langage de
ce dernier, les particules organiques du mâle
ſont plus actives que celles de la femelle, il
doit en réſulter un garçon plutôt qu'une fille,
& vice verſâ ; où eſt l'impoſſibilité qu'il y ait
tel climat dans l'Univers où ces prétendues mo-
lécules primitives & incorruptibles ſubſtituées
par le Naturaliſte moderne aux animalcules
aperçus par Leewenhoeck & par Hartſoëker,
aient communément plus de force & plus d'é-
nergie dans les femmes que dans les hommes ?
La loi qui ne permet qu'une femme, dit M. le Pré-
ſident de Monteſquieu, après avoir enviſagé
l'inégalité des deux ſexes dans les pays chauds
d'Arabie & des Indes & dans les pays tempé-
rés, *eſt conforme au phyſique du climat de l'Europe & non au phyſique du climat de l'Aſie*. C'eſt
pour cela que le Mahométiſme à trouvé tant
de facilité à s'établir en Aſie & tant de difficulté à s'étendre en Europe, &c.

Rélativement au nombre des enfans au-deſſous de ſeize ans & des hommes au-deſſus de
quarante, Hoſley qui croit que l'homme de ſeize
ans eſt généralement trop foible pour les fatigues de la guerre & pour le poids des armes &
l'homme de ſoixante trop infirme & trop caduc,

M iij

de plus de feize ans & qui n'ont pas
la taille requife , c'eft-à-dire , cinq

admet dans la ville de Breflaw toujours d'après
les tables de Neewman 11997 perfonnes au-
deffous de dix-huit ans & 3950 au-deffus de
cinquante-fix , ce qui fait enfemble 15947 , lefquelles tirées de 34000 laiffent 18053 pour les
perfonnes qui font entre ces deux âges. Il fup-
pofe que la moitié au moins de ces perfonnes eft
compofée de mâles , ce qui donneroit 9027 ,
enforte qu'il compte que cette Ville peut avoir
9000 ou $\frac{9}{34}$ d'hommes en état de fervir ou un
peu plus que le $\frac{1}{4}$ des ames. Il s'accorde à peu
près fur ce point avec Kerfeboom qui ne pre-
nant les hommes que depuis l'âge de feize jufques à cinquante ans en compte fur 980000 ,
200000 propres au fervice. Calculant enfuite
le nombre des perfonnes au-deffus de feize ans
& au-deffous de quarante-cinq & en fe rappro-
chant par conféquent beaucoup plus de celui que
nous cherchons , Hofley ne trouve que 15000
dont 7000 femelles au moins en état d'engen-
drer ; or fi 34000 ne fourniffent que 15000
ames de feize à quarante-cinq ans , dont 7000
femelles au moins à retrancher , c'eft-à-dire ,
fi 34000 ne donnent réellement que 8000 hommes au plus propres à porter les armes , ce qui
revient au $\frac{4}{17}$ du total , il eft aifé de calculer

pieds de hauteur , les praticiens,
les domeſtiques, les employés des

quelle doit être ſur les millions d'ames qui reſ-
teront en France après la ſouſtraction des millions de femelles la ſomme des ſujets qui ſeront
en état de ſervir , eu égard néanmoins au vœu
de nos Ordonnances de Milice , & à l'âge
qu'elles exigent & qu'elles preſcrivent.

Quant aux gens mariés , M. King après les
obſervations qu'il a faites ſur l'Angleterre en a
compté ſur 100000 ames 34500 , ſans parler
des veufs & des veuves. Il fixe le nombre des
premiers à 1500 & à 4500 celui des ſecondes.
Kerſeboom a appliqué le même calcul aux Provinces qu'il a enviſagées , car ſur 980000 perſonnes il compte 338000 mariages exiſtans ,
14700 veufs & 44100 veuves ; je ſuis perſuadé
qu'on n'errera point en France en adoptant la
même regle ou la même proportion.

La ſomme des gens infirmes & eſtropiés doit
être infiniment plus arbitraire , & je ne ſais ſur
quel fondement Kerſeboom la porte au dixieme
du total , ſans s'expliquer ſur les recherches
qu'il peut avoir faites & ſur les raiſons qui le
déterminent.

Enfin & à l'égard des domeſtiques le même
M. King en fixe le nombre à 10500 ſur 100000
ames , ce qui eſt comme 21 à 200. Il a été encore ſuivi par Kerſeboom qui ſur 980000 perſonnes en a admis 102900. Ce calcul excede

fermes, en un mot toutes les personnes privilégiées & qui sont dis-

celui qui a été fait par M. de Vauban, car
celui-ci n'a compté sur 20000000 d'ames que
1500000 domestiques, ce qui est comme 3 à 40
ou comme 15 à 200. La raison de cette différence
peut provenir peut-être de ce que les premiers
auront fait entrer dans leur calcul les domestiques
de la campagne, comme charretiers, bergers
& autres valets que nous assujettissons à la Milice, & de ce que M. de Vauban ne les aura
pas compris dans le sien. Quoi qu'il en soit, si
l'on examine les progrès du luxe parmi nous
depuis la fin du dernier siecle ou le commence-
ment de celui-ci & sur-tout depuis le moment
où des essains de parvenus ont altéré par leur
exemple la totalité des mœurs relatives & suscité
une révolution dans tous les états, on ne pourra
se refuser à l'évidence d'une augmentation considérable dans la classe des sujets attachés au service
des autres, & je crois qu'on ne s'écartera point
de la vérité en portant leur nombre à 2000000 :
or soustrayez de ces 2000000, si vous le voulez,
tant pour les domestiques femelles que pour les
domestiques mâles, soit des villes, soit des campagnes, étrangers, mariés, au-dessus de 40 ans,
au-dessous de cinq pieds & que des infirmités
feroient rejetter, soustrayez, dis-je, 1500000
ames, c'est-à-dire le nombre entier auquel la do-
mesticité a été évaluée par M. de Vauban, il

penſées de tirer au ſort , & vous ſerez bientôt convaincu que le faix de la Milice eſt un fleau d'autant plus terrible pour le cultivateur qu'il ne porte pas à beaucoup près ſur le quarantieme de la nation.

Je ne prétends point m'élever ici contre les prérogatives de la vraie Nobleſſe dont la lumiere ſe perd & s'éteint ſi communément aujourd'hui dans l'obſcurité de la fortune , ou qui toute nue dans les deſcendans de pluſieurs maiſons illuſtres qui ont toujours redouté de la ſouiller par des méſalliances les met dans un éternel oubli , & ne leur rend , malgré de vains dehors de hauteur & d'orgueil , les atteintes de la pauvreté que plus dures

vous reſtera 500000 hommes totalement inutiles dans l'inſtant préſent & ſupérieurs en nombre à ceux dont vous tirez des Miliciens.

& plus ameres : je ne veux pas même attaquer les droits de cette nobleffe foit graduelle , foit perfon-
nelle ou acceffoire , payée par
le Financier des deniers du peuple qu'elle furcharge , & par le
Négociant des fonds d'un commerce dont la ceffation nuit également
à l'État, à fes enfans & à lui-même ;
mais je demande quel peut être le
motif ou le prétexte du privilege
dont jouiffent les Gardes-chaffes,
les Jardiniers, les petits Employés
des fermes, les Laquais & généralement tous les Domeftiques aux
gages & au fervice des Maîtres ?
J'avoue, Monfieur, que mon ima-
gination à quelques efforts qu'elle
fe livre ne fauroit le concevoir ,
& vous conviendrez vous-même
qu'il n'eft point de principe auffi

étrange que celui qui décerne pour prix d'une vie paffée dans l'aviliffement & dans l'humiliation & éloignée de tout efprit de travail & d'induftrie, une forte de diftinction & de récompenfe commune à l'ordre le plus élevé, & impitoyablement déniée à quiconque ne s'abreuve que de fa fueur & peut à peine fe réferver un morceau du pain que du fein de l'infortune, de l'oppreffion & de la mifere il s'efforce de procurer aux autres. Il ne nous manqueroit plus qu'une claffe d'hommes autorifée à fe faire un titre de la corruption de fes mœurs pour fe mettre au-deffus des loix & à l'abri de leur févérité, & peut-être trouverons-nous qu'il ne nous manque rien, fi nous confidérons & la licence du riche &

l'impunité qui lui tient lieu, pour me fervir de l'expreffion de *Montagne*, & de juftice & de raifon.

Quoi qu'il en foit, tous les inconvéniens & tous les maux dont je vous ai entretenu dérivant effentiellement de cette exemption , qu'avons-nous à faire ? Je ne connois qu'un feul expédient , c'eft d'attaquer & de ruiner la caufe. Les fervices qui importent au bien & à l'avantage de la fociété dont le Souverain eft l'ame , voilà ce qu'il doit furtout & premiérement exiger du moindre de fes fujets ; ainfi une Ordonnance précife dont l'autorité s'étendant par-tout foumettroit au fort dans toutes les campagnes & dans toutes les Villes, fans en excepter aucune, tous les garçons foit manœuvres , foit

laboureurs , soit artifans , soit employés , soit laquais ou domeftiques quelconques (*l*) entre l'âge de
16 & 40 ans , & qui ne feroit abfolument en faveur de ceux-ci aucune acception du rang , des titres
& de la dignité des Maîtres , (pas
même de celle des Intendans de
Province que j'entends crier fans
ceffe à la dépopulation des champs ,
tandis que des payfans de leurs ter-

(*l*) Les domeftiques vu leur inutilité & leur
nombre devroient y être foumis dans une proportion plus confidérable qu'aucune autre claffe.
Ils pourroient fournir en tems de paix dans la
ville de Paris , 2000 hommes , c'eft-à-dire 4
bataillons , & ces 2000 hommes ne feroient pas
la vingtieme partie des laquais que le luxe y entretient & que l'oifiveté y appelle. Ces quatre bataillons , attendu l'avantage de la taille de ces mêmes
laquais , ferviroient à completter les Grenadiers
de France dans le moment préfent ; les artifans
pourroient en former deux ; on en tireroit par ce
moyen fix de la Capitale , ce qui reviendroit à peu
peu près au vingtieme de la Milice du Royaume.

res chamarrés de leurs couleurs &
chargés de leur livrée rempliſſent
leurs antichambres ,) remettroit
inévitablement l'ordre dans la diſ-
tributioa locale des hommes , &
rendroit inſenſiblement au corps ſo-
cial , en équilibrant le joug & les
forces , une vigueur qu'il ne peut
attendre que de l'action & du concours de toutes ſes parties.

Cette nouvelle forme établie ,
les malheureux préſentement aſ-
ſujettis à la Milice formeroient
tout au plus le quart de ceux qui
y contribueroient. Dès-lors on ne
ſeroit plus contraint de ſuppléer à
la diſette des garçons dans les Paroiſſes par des hommes mariés ; &
ſi nous ne cherchons pas à l'exemple des Romains à porter à la propagation par la honte, par les pei-

nes & par toutes fortes de moyens coactifs ; fi nous n'attaquons pas comme eux le célibat par la vanité ; fi nous ne donnons pas à ceux qui ont un certain nombre (*m*) d'enfans la préférence dans la pourfuite & dans l'exercice des privileges & des honneurs , du moins en n'ajoûtant plus au poids du mariage celui des charges qui obligent inhumainement à en négliger les fruits , cefferons-nous de

(*m*) Louis XIV. donna en 1666. un Edit dont l'objet étoit de porter à la propagation de l'efpece. Il accordoit des penfions à ceux qui auroient dix enfans & ces penfions devoient être plus confidérables pour ceux qui en avoient douze. Cette Loi eft tombée dans l'oubli , du moins eft-elle demeurée fans force & fans exécution. M. de Montefquieu prétend avec raifon qu'il ne devoit pas être queftion de promettre de récompenfer des prodiges ; il falloit établir , dit-il , pour donner un certain efprit général qui déterminât à la propagation , des récompenfes ou des peines générales.

perſuader que nous ignorons que la cité ne conſiſte point dans les portiques & dans les maiſons (*n*) mais dans les hommes.

Vous verrez diſparoître encore, Monſieur, une foule d'abus qui ſemblent ſe multiplier & s'introduire au moment même où l'on tente de les réprimer. Ces traveſtiſſemens communs des payſans ou des artiſans en domeſtiques, ces ſuppoſitions imaginées au détriment du pauvre & du foible qui n'oſent pas même oppoſer le murmure à l'artifice & au menſonge du riche qui peut les opprimer, n'auront plus lieu ; les déciſions des Intendans qui dans le choix des moyens de compléter les bataillons de leur Généralité ne préferent que trop

(*n*) Auguſte, dans Dion, Liv. 56.

ſouvent

souvent la célérité à la justice, ne varieront plus d'une élection à une autre ; toute extension, toute abrogation, toute modification leur feront interdites & cette partie importante de l'administration une fois réglée & fixée par des principes constans & uniformes, l'équité triomphera toujours de l'arbitraire odieux dont elle est si communément le prétexte.

On me repliquera peut - être qu'en faisant de tems en tems des levées dans les Villes seules, ou en recourant à quelque nouvelle institution, on pourroit décharger les cultivateurs d'une partie du fardeau qui les accable : vain expédient, inutile ressource ! J'aimerois autant dans le premier cas que l'on entreprît de prouver qu'en détournant le feu qui a dévoré une portion d'un pays fur l'autre portion voifine & dépendante, la partie confumée en recevra du foulagement, car c'eft ainfi, Monfieur, que nous opérerions; après avoir porté le coup mortel à la culture, nous ruinerions inévitablement & les manufactures & le commerce.

D'une autre part & rélativement aux innovations poffibles, elles doivent être envifagées par la fimplicité des moyens & par leur utilité générale, c'eft-à-dire, par leur influence fur toutes les branches & fur tous les points du Gouvernement : par la fimplicité des moyens, parce que dans des befoins vraiment preffans toute complication, toute voie mal-aifée retardant l'application du remede, il eft dangereux que le mal accroiffe & acquiere un caractere abſolument indomtable ; par leur utilité générale , parce qu'en fait d'adminiſtration ſi vous bornez vos vues ſur un ſeul objet , il eſt très-rare que les autres n'en ſouffrent & n'en ſoient bleſſés. Or ici nulle difficulté ; les liaiſons de chaque membre vis-à-vis de l'État & le rapport de toutes les claſſes entr'elles ſe trouvent rétablis. L'inutilité ceſſant d'un côté d'être privilégiée, & ſe voyant combattue de l'autre dans ceux même qui (*o*) l'autoriſent & qui l'entretiennent , le nombre des hommes ſuperflus eſt diminué ; les levées deviennent & plus faciles & plus belles ; les campagnes ſont peuplées & plus fertiles ; les Villes ſont ſoulagées , & ce nouvel arrangement nous offre

(*o*) Voyez dans l'Édit de ſubvention l'article concernant les Domeſtiques.

enfin une augmentation confidérable de richeffes & de forces.

Voilà, Monfieur, ce que j'avois
à vous dire & ce que bien d'autres
ont penfé & dit (*p*) avant moi. Je
crois que ces Réflexions font juftes, & je me perfuade que vous
les trouverez telles. Quant aux
critiques de profeffion qui pourroient s'élever contre le ton & la
maniere dont je vous les ai préfen-
tées, je ne leur répondrai que par
ces vers de Martial.

—————— Quid dentem dente juvabit
Rodere? carne opus eſt, ſi ſatur eſſe velis.
Ne perdas operam: qui ſe mirantur, in illos
Virus habe: nos hæc novimus eſſe nihil.
Epigr. II. L. xiii.

(*p*) Voyez la lettre d'un Subdélégué à un
Intendant de Province.

F I N

www.ingramcontent.com/pod-product-compliance
Ingram Content Group UK Ltd.
Pitfield, Milton Keynes, MK11 3LW, UK
UKHW021640170726
13836UKWH00005B/2302